DUDZINSKI

DUDZINSKI

WELTBILDS LESE- UND BASTELSPASS

IM ALTEN ÄGYPTEN

Philip Steele

Originaltitel: Step into… Ancient Egypt
Originalverlag: Anness Publishing, Großbritannien

Deutsche Erstausgabe
Weltbild Verlag GmbH, Augsburg 1998
Copyright © Anness Publishing Limited 1997
Copyright © der deutschen Übersetzung und Ausgabe
by Weltbild Verlag, Augsburg 1998
Produktion: Neumann & Nürnberger, Leipzig
Aus dem Englischen übertragen von
Regina van Treeck, Leipzig
Satzherstellung: XYZ-Satzstudio, Naumburg
Gesamtherstellung: Editoriale Johnson SpA, Seriate (BG)
Printed in Italy
ISBN 3-8289-5917-2

Gestaltung: Simon Borrough
Illustration: Stuart Carter
Fotografie: John Freeman
Beratung: Felicity Cobbing

Anness Publishing dankt folgenden Kindern, die sich für dieses Buch fotografieren ließen: Donna Marie Bradley, Aslom Hussain, Alex Lindblom-Smith, Rajiv M. Pattani, Emily Preddie, Brendan Scott und Harriet Woollard. Der Dank des Verlages gilt auch den Eltern der Kinder sowie der Johanna Primary und Walnut Tree Walk Schools.

BILDNACHWEIS
u = unten, o = oben, M = Mitte, l = links, r = rechts
The Ancient Art and Architecture Collection Ltd: S. 4 u; 9 o, M; 10 o; 10 u; 11 u, M; 11 o, r; 12 r; 12/13; 14 u, r; 16; 17 u, l; 18 l; 18 r; 19 o, l; 20 o; 21 M, l; 21 u, r; 22 u; 30 l; 32 r; 33 o, l; 36 o; 37 o; 38 u; 39 u, M; 40 l; 40 r; 41 u; 42 r; 43 r; 44 u, r; 45 o, l; 45 o, r; 45 u; 46 o; 47 o; 50/51; 52 r; 53 o, r; 54 o; 56 u; 57 l; 58 l und 59 r; Copyright British Museum: S. 13 o; 17 o, r; 19 u, r; 20 u; 28 l; 28 r; 30 r; 35 u, M; 36 u, l; 38 o; 39 o, r; 43 l; 50 l; 54 u, r; 55 l; 55 u, r und 57 r; Peter Clayton: S. 15 o; 15 u; 19 u, l; 35 u, l; 35 u, r; 36 u, r; 44 o; 44 u, l; 53 o, l; 53 u, l; 54 l; 55 o, l; 55 u, r und 60; C. M. Dixon: S. 8 o, r; 8 u; 9 u; 14 o; 17 o, l; 21 o, r; 31 o; 34; 35 o; 39 o, l; 47 u; 48 l; 48 r; 51; 52 l und 61 o; Griffith Institute, Ashmolean Museum: S. 4 o; 27 o und 27 u; Michael Holford Photographs: S. 14 u, l; 29 o, l; 56 o und 61 u; Manchester Museum: S. 29 o, l; Mary Evans Picture Library: S. 24 r; 24 l und 32 l; Bob Partridge and the Ancient Egypt Picture Library: S. 19 o, r; 22 o; 49 o und 49 u, r; Courtesy of the Petrie Museum of Egyptian Archaeology, University College London: S. 41 M; Radiotimes Hulton Picture Library: S. 46 u; Zefa: S. 5 r; 8 o, l; 9 o, l; 9 o, l; 11 o, l; 12 l; 13 u; 22 l; 23 o; 23 u; 26; 26/27; 27 M; 29 o, r; 31 o; 33 o, l; 33 M, r; 33 u; 40/41; 42 l; 50 r; 58 r; 59 l; Vorder- und Rückseite des Einbandes.

INHALT

Das Königreich am Nil 4
Eine großartige Zivilisation 6
Berühmte Pharaonen 8
Das Land der Götter 10
Priester, Politiker und Gott 12
Königshof und Adlige 14
Städte, Häuser und Gärten 16
Facharbeiter im Alten Ägypten 18
Kunst und Handwerk 20
Die Erbauer der Pyramiden 22
Ein Weltwunder 24
Das Tal der Könige 26
Mumien und Sarkophage 28
Bestattungszeremonien 30
Priester, Tempel und Feiertage 32
Arbeiter und Sklaven 34

Die Landwirtschaft.................... 36

Essen und Trinken.................... 38

Die Kleidung der Ägypter........... 40

Schönheitspflege..................... 42

Papyrus und Schreiber............................ 44

Ägyptische Schriften...................... 46

Wissenschaft und Technik........... 48

Musik und Tanz........................ 50

Jagd, Sport und Spiele.................... 52

Die Welt der Kinder........................... 54

Waffen und Krieger.................. 56

Boote und Schiffe................. 58

Handel und Eroberung......... 60

Glossar............................. 62

Stichwortverzeichnis............. 64

Das Königreich am Nil

ÄGYPTEN IST EIN LAND, in dem sich die Wege nach Afrika, Europa und Asien kreuzen. Könntest du in der Zeit 5000 Jahre zurückreisen, dann würdest du auf eine erstaunliche Zivilisation treffen – das Königreich der alten Ägypter.

Das Land Ägypten besteht zum größten Teil aus glühend heißen Sandwüsten. Durch diese unfruchtbaren Gebiete windet sich der Nil auf seinem Weg nach Norden, wo er in das Mittelmeer mündet. Der Strom tritt jedes Jahr über seine Ufer und überschwemmt sie mit einer Flut aus fruchtbarem Schlamm. Deshalb züchteten die Bauern hier bereits vor 8000 Jahren Getreide und andere Feldfrüchte. Der Reichtum, den die Landwirtschaft brachte, führte dazu, dass sich der Handel entwickelte und Städte entstanden. Um 3100 v. Chr. hatte sich ein mächtiges Reich herausgebildet, das von Königsfamilien beherrscht wurde.

Das alte Ägypten existierte mehr als 3000 Jahre. Seine Pyramiden und Tempel, Gebrauchs- und Kunstgegenstände haben die Zeiten überdauert und zeigen uns heute, wie man einst lebte.

DAS AUGE DES HORUS
Dieses Symbol ist auf vielen altägyptischen Gegenständen zu sehen. Es ist das Auge des Gottes Horus.

ERSTAUNLICHE ENTDECKUNGEN
1922 machte der englische Ägyptologe Howard Carter eine erstaunliche Entdeckung. Er fand das Grab des jungen Pharao Tutanchamun. Es gibt keinen archäologischen Fund in Ägypten, der jemals so reiche Erkenntnisse geliefert hat wie diese nahezu unberührte Grabstätte.

DER LEBEN SPENDENDE NIL
Wandmalereien in den Grabstätten zeigen uns, wie die Menschen im alten Ägypten lebten. Hier ist zu sehen, wie man die Felder mit Nilwasser versorgt und die Ernte einbringt.

DIE ZEIT VON 6000 – 2000 v. Chr.

Das alte Königreich Ägypten bestand mehr als 3000 Jahre. Die erfolgreichsten Epochen ägyptischer Macht kennen wir unter den Bezeichnungen Altes Reich, Mittleres Reich und Neues Reich.

Weizen

Schafe

Ein Boot mit einem Segel

6000 v. Chr.	5500 v. Chr.	5000 v. Chr.	4500 v. Chr.	4000 v.Chr
	Um 6000 v. Chr. leben frühe Siedler im fruchtbaren Niltal. Sie bauen Weizen und Gerste an.	Um 5020 – 4500 v. Chr. stellen Handwerker Tonfiguren und feines irdenes Geschirr her. Sie schnitzen auch Gegenstände aus Elfenbein.	Um 4800 v. Chr. züchten die Bauern Schafe, Rinder und andere Nutztiere.	Um 4000 v. Chr. werden ägyptische Schiffe erstmals mit Segeln ausgerüstet.

JAHRTAUSENDE IN DER WÜSTE

Hier schaut das Gesicht des großen Pharao Ramses II. auf uns. Riesige Statuen von Ramses schmücken einen Tempel, der 1269 v. Chr. bei Abu Simbel aus einer Felswand gehauen worden war. In den sechziger Jahren unseres Jahrhunderts mussten diese Statuen entfernt und an einen erhöhten Standort verlegt werden, da der neue Staudamm von Assuan den Nil an dieser Stelle später in einen See verwandeln sollte. Tempel, Grabanlagen und Statuen wie die in Abu Simbel haben in der trockenen Hitze der Wüste Jahrtausende überdauert. In jüngerer Zeit nun treten wegen der verschmutzten Luft Anzeichen der Zerstörung auf.

DAS KÖNIGREICH ÄGYPTEN

Diese Karte vom heutigen Ägypten zeigt, wo einst bedeutende Städte, Tempel und Pyramiden zu finden waren. Die alten Ägypter lebten meist an den Ufern des Nils und in den grünen, fruchtbaren Gebieten seines Deltas. Sie bauten imposante Tempel zu Ehren ihrer Götter und Grabanlagen als Behausungen für ihre Toten. Die meisten Tempel und Gräber entstanden in der Nähe der Städte Memphis und Theben.

Um 4000–3500 v. Chr. werden Schreine aus Schilf gebaut. Die ersten Lehmziegelgebäude werden errichtet. Künstler malen die ersten Wandbilder und schaffen steinerne Statuen.

Eine von über 750 Hieroglyphen der ägyptischen Schriftsprache.

Um 3400 v. Chr. werden in Ägypten von Mauern umgebene Städte erbaut.
3100 v. Chr. herrscht die erste große Königsfamilie über Ägypten. Die frühe dynastische Epoche beginnt. König Narmer vereint Ober- und Unterägypten. Er gründet eine Hauptstadt an der Stelle des heutigen Memphis. Die Ägypter verwenden Hieroglyphen, eine Bilderschrift.

2686 v. Chr. beginnt das Alte Reich.
2667 v. Chr. wird Djoser Pharao.
2650 v. Chr. wird bei Sakkara eine Stufenpyramide errichtet.
2600 v. Chr. wird eine Pyramide bei Medum gebaut.

Stufenpyramide

2589 v. Chr. wird Chufu (Cheops) Pharao. Er lässt später die Große Pyramide bei Giseh bauen.

Großer Sphinx

Um 2500 v. Chr. stirbt Chufus Sohn Chafre (Chephren). Während seiner Herrschaftszeit wurde bei Giseh der Große Sphinx gebaut.
2181 v. Chr. geht das Alte Reich zu Ende. Die Erste Zwischenzeit beginnt, in der zahlreiche Könige für jeweils kurze Zeit an der Macht sind.

4000 v. Chr. — 3500 v. Chr. — 3000 v. Chr. — 2500 v. Chr. — 2000 v. Chr.

Eine großartige Zivilisation

DIE GESCHICHTE des alten Ägypten begann vor rund 8000 Jahren, als Bauern im Nildelta begannen, Felder zu bebauen und Vieh zu züchten. Von etwa 3400 v. Chr. an bauten die Ägypter von Mauern umgebene Städte. Bald darauf wurde der nördliche Teil des Landes (Unterägypten) mit den stromaufwärts gelegenen Gebieten (Oberägypten) zu einem Staat unter der Herrschaft eines Königs vereinigt. Die Hauptstadt des neuen Königreichs wurde bei Memphis gegründet.

Die erste bedeutende Epoche der ägyptischen Hochkultur nennt man das Alte Reich. Sie dauerte von 2686 – 2181 v. Chr. In dieser Zeit ließen die Pharaonen prachtvolle Pyramiden bauen, die noch heute in der Wüste zu sehen sind.

Während des Mittleren Reiches (2050 – 1786 v. Chr.) wurde die Hauptstadt nach Süden, in die Stadt Theben verlegt. Die Ägypter erlangten die Herrschaft über Nubien und machten neue Gebiete zur landwirtschaftlichen Nutzung urbar. Trotz dieser erfolgreichen Periode war die Herrschaft der alten ägyptischen Königsfamilien gelegentlich durch unruhige Zeiten unterbrochen. Im Jahre 1663 v. Chr. fiel die Regierungsgewalt über das Land in fremde Hände. Die Hyksos, aus Asien stammende Siedler und deren Könige, beherrschten Ägypten fast 100 Jahre lang.

Im Jahre 1567 v. Chr. gelang es den in Theben herrschenden Gaufürsten, die Fremdherrschaft der Hyksos zu stürzen. Nach der Vertreibung der Hyksos bauten die Thebaner das Neue Reich auf. Es stellte den Höhepunkt der ägyptischen Zivilisation dar. Kaufleute und Soldaten zogen nach Afrika, Asien und nach den Ländern des Mittelmeerraums. Doch im 525 v. Chr. ging die Macht der Ägypter zu Ende, und das Land wurde Teil des Perserreiches. 332 v. Chr. wurde es von Alexander dem Großen erobert und von da an von den Griechen beherrscht, bis es schließlich im Jahre 30 v. Chr. an das Römische Reich fiel.

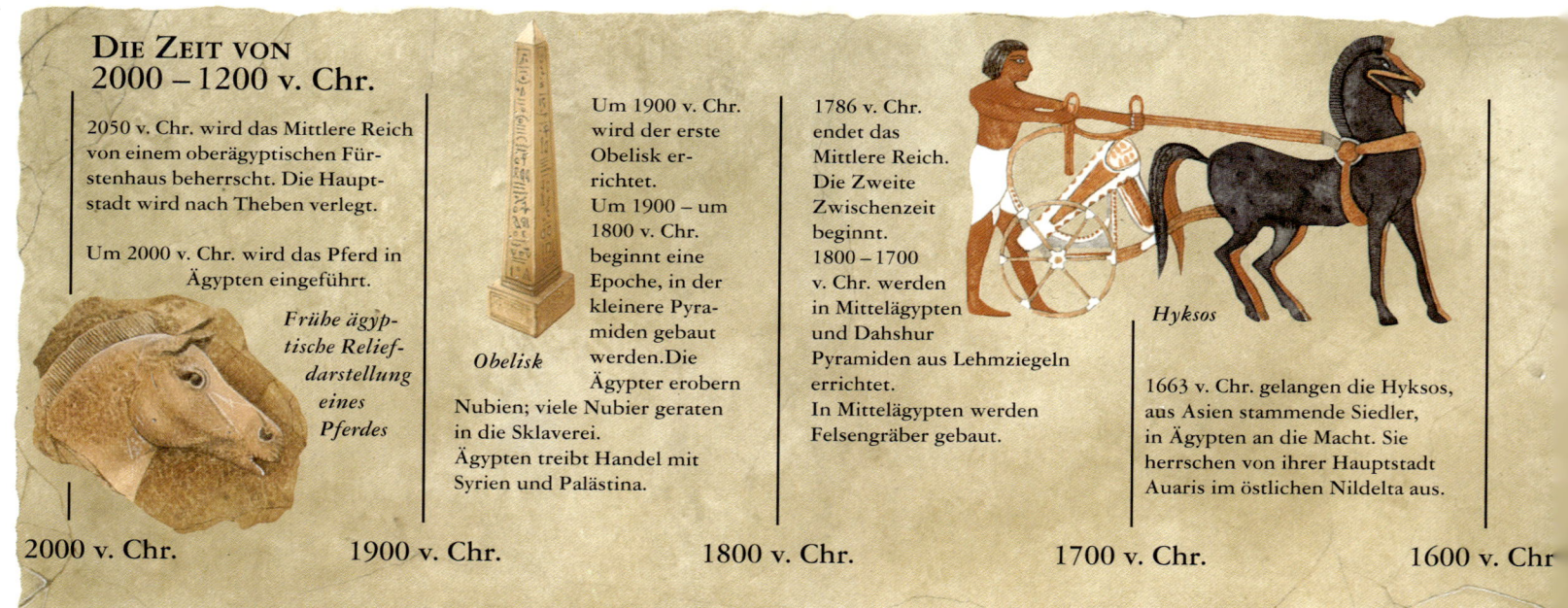

AFRIKA

DIE ZEIT VON 2000 – 1200 v. Chr.

2050 v. Chr. wird das Mittlere Reich von einem oberägyptischen Fürstenhaus beherrscht. Die Hauptstadt wird nach Theben verlegt.

Um 2000 v. Chr. wird das Pferd in Ägypten eingeführt.

Frühe ägyptische Reliefdarstellung eines Pferdes

Um 1900 v. Chr. wird der erste Obelisk errichtet.

Um 1900 – um 1800 v. Chr. beginnt eine Epoche, in der kleinere Pyramiden gebaut werden. Die Ägypter erobern Nubien; viele Nubier geraten in die Sklaverei. Ägypten treibt Handel mit Syrien und Palästina.

Obelisk

1786 v. Chr. endet das Mittlere Reich. Die Zweite Zwischenzeit beginnt. 1800 – 1700 v. Chr. werden in Mittelägypten und Dahshur Pyramiden aus Lehmziegeln errichtet. In Mittelägypten werden Felsengräber gebaut.

Hyksos

1663 v. Chr. gelangen die Hyksos, aus Asien stammende Siedler, in Ägypten an die Macht. Sie herrschen von ihrer Hauptstadt Auaris im östlichen Nildelta aus.

2000 v. Chr.   1900 v. Chr.   1800 v. Chr.   1700 v. Chr.   1600 v. Chr

EUROPA

Mykene

Hethiterreich

Schlacht bei Kadesh

MINOISCHES KRETA

Byblos
LEVANTE
Megiddo
Jerusalem

Mittelmeer

SYRIEN

NORDEN

MESOPOTAMIEN

ASIEN

PALÄSTINA

UNTERÄGYPTEN

Auaris
Sinai
Memphis

ÄGYPTEN

Nil
Theben

OBER-
ÄGYPTEN

Westliche Wüste

ARABIEN

NUBIEN

Rotes Meer

KARTE DES NAHEN OSTENS

1279 v. Chr., in der Blütezeit des Neuen Reiches, war Ägypten eine führende Macht im Nahen Osten. Das Land gedieh und war reich, es trieb Handel mit dem minoischen Kreta, mit Syrien, der Levante und Nubien. Dennoch sah es sich von Feinden wie etwa den Hethitern bedroht.

Echnaton

Um 1567 v. Chr. werden die Hyksos von Ägyptern aus dem südlichen Theben geschlagen. 1550 v. Chr. wird das Neue Reich gegründet. Im Tal der Könige werden Königsgräber gebaut. 1525 v. Chr. wird Amenhotep Pharao. 1500 v. Chr. wird bei Deir el-Medina, in der Nähe des Tals der Könige, ein Arbeiterdorf gegründet.

1498 v. Chr. herrscht Königin Hatschepsut als Mitregentin neben dem Kinderpharao Thutmosis III. 1483 v. Chr. stirbt Hatschepsut. 1478 v. Chr. wird der rebellierende Prinz von Kadesch von Thutmosis III. in der Schlacht von Megiddo im alten Palästina geschlagen.

Thutmosis III.

Kartusche von Tutanchamun

1379 v. Chr. erhebt Echnaton die Verehrung des Sonnengottes zur einzig gültigen Religion. Er gründet eine neue Hauptstadt in der Nähe des heutigen el-Amarna. Um 1334 v. Chr. verlegt Semenchkare, Echnatons Nachfolger, die Hauptstadt nach Memphis zurück. 1325 v. Chr. wird Tutanchamun im Tal der Könige bestattet.

1291 v. Chr. kommt Sethos I. an die Macht. Er lässt die große Säulenhalle von Karnak bauen. 1279 v. Chr. wird Ramses II. Pharao. 1274 v. Chr. kämpft Ramses II. in der Schlacht von Kadesch gegen die Hethiter.

Ramses II.

1600 v. Chr.   1500 v. Chr.   1400 v. Chr.   1300 v. Chr.   1200 v. Chr.

Berühmte Pharaonen

JAHRTAUSENDELANG wurde das alte Ägypten von Königsfamilien beherrscht. Ihre prachtvollen Grabstätten und die öffentlichen Bauten, die ihnen zu Ehren errichtet wurden, erzählen uns viel über die Pharaonen und Königinnen dieser großen Dynastien.

Der erste Herrscher Ägyptens war König Narmer, der die beiden Länder Ober- und Unterägypten um 3100 v. Chr. vereinigte. An spätere Pharaonen wie Djoser und Chufu (Cheops) erinnern die großartigen Pyramiden, die sie schon zu Lebzeiten als Grabmäler für sich bauen ließen.

Die Pharaonen kamen in der Regel durch ihre königliche Geburt auf den Thron. In einigen Fällen jedoch gelangten auch Heerführer wie Haremhab an die Macht. Obwohl die Herrscher Ägyptens seit alters her Männer gewesen waren, gab es auch einige mächtige Frauen, die das Land der Pharaonen regierten. Die berühmteste von ihnen war die griechische Königin Kleopatra, die im Jahre 51 v. Chr. den ägyptischen Thron erbte.

CHAFRE
(Regierungszeit 2558 – 2532 v. Chr.)
Chafre ist der Sohn des Pharao Chufu. An ihn erinnern seine großartige Grabstätte, die Zweite Pyramide in Giseh, und der Große Sphinx, der die Pyramide bewacht.

AMENHOTEP I.
(Regierungszeit 1525 – 1504 v. Chr.)
Der Pharao Amenhotep führte mit dem ägyptischen Heer einen Feldzug gegen Nubien. Er gründete auch das Arbeiterdorf in Deir el-Medina.

HATSCHEPSUT
(Regierungszeit 1498 – 1483 v. Chr.)
Hatschepsut war die Halbschwester und Gemahlin von Thutmosis II. Als dieser starb, wurde sie dazu berufen, über das Land zu herrschen, bis ihr kleiner Stiefsohn Thutmosis III. im regierungsfähigen Alter wäre. Königin Hatschepsut war jedoch ehrgeizig und ließ sich selbst zum Pharao krönen. Hatschepsut ist berühmt für ihre Handelsexpeditionen in das Land Punt. Die Mauern ihres Tempels in Deir el-Bahri sind mit Darstellungen von diesen Reisen geschmückt.

DIE ZEIT VON 1200 – 1960 v. Chr.

1198 v. Chr. greifen Völker aus dem Mittelmeerraum Ägypten an.
1182 v. Chr. besteigt Ramses III., der Ägypten in zahlreichen Schlachten gegen die Überfälle verschiedener Stämme verteidigte, den ägyptischen Thron.
1151 v. Chr. stirbt Ramses III., der Letzte der großen Pharaonen.
Um 1070 v. Chr. endet das Neue Reich. Die Dritte Zwischenzeit beginnt.

Ramses III.

900 – 700 v. Chr. gibt es zwischen den Eroberungen durch einfallende Heere kurze Perioden der Ruhe.
671 v. Chr. unterwerfen die Assyrer die ägyptischen Gebiete bis nach Memphis hin.

Darius I.

525 v. Chr. beginnt die Spätzeit.
525 v. Chr. wird Ägypten Teil des Perserreiches.
332 v. Chr. marschiert Alexander der Große in Ägypten ein. Das Land wird nun von griechischen Königen beherrscht. Die Stadt Alexandria wird erbaut.
305 v. Chr. ergreift Ptolemaios I., ein Offizier aus dem Heer Alexanders des Großen, nach dessen Tod die Macht.

Alexander der Große

51 v. Chr. regiert Kleopatra VII., die Tochter von Ptolemaios XII., in Ägypten.

Kleopatra VII.

30 v. Chr. wird Ägypten Teil des Römischen Reiches, über das Kaiser Augustus herrscht.

1200 v. Chr.   900 v. Chr.   600 v. Chr.   300 v. Chr.   0

THUTMOSIS III.
(Regierungszeit 1479 – 1425 v. Chr.)
Thutmosis III. ging als tapferer Kriegerpharao in die Geschichte ein. Er führte zahlreiche Schlachten gegen die Syrer. Überlieferungen aus jener Zeit berichten, dass Thutmosis an der Spitze seiner Truppen furchtlos in den Kampf zog, ohne an seine eigene Sicherheit zu denken. Er errang glänzende Siege bei Megiddo und später bei Kadesch. Thutmosis III. wurde im Tal der Könige bestattet.

TUTANCHAMUN
(Regierungszeit 1334 – 1325 v. Chr.)
Dieser Pharao bestieg im Alter von nur neun Jahren den Thron. Er starb mit 18 Jahren. Tutanchamun wurde berühmt wegen seiner Grabstätte im Tal der Könige, die unermessliche Schätze enthielt.

ECHNATON
(Regierungszeit 1379 – 1334 v. Chr.)
Die Ägypter glaubten an viele Götter. Als jedoch Echnaton an die Macht kam, erklärte er die Verehrung nur eines Gottes, der Sonnenscheibe Aton, zur einzig gültigen Religion. Er verlegte seine Residenz von Memphis nach Achetaton (heute el-Amarna). Seine Hauptfrau war die schöne Königin Nefertiti (Nofretete).

RAMSES II.
(Regierungszeit 1279 – 1212 v. Chr.)
Ramses II., einer der berühmtesten Pharaonen, war der Sohn von Sethos I. Er ließ zahlreiche schöne Tempel bauen und schlug 1274 v. Chr. die Hethiter in der Schlacht bei Kadesch. Ramses' Hauptgemahlin war Nefertari. In Stein geschnittene Abbildungen, die die Anmut dieser Königin zeigen, schmücken den Tempel Ramses' II. in Abu Simbel. Ramses erreichte ein hohes Alter; er starb mit 92 Jahren und wurde im Tal der Könige beigesetzt.

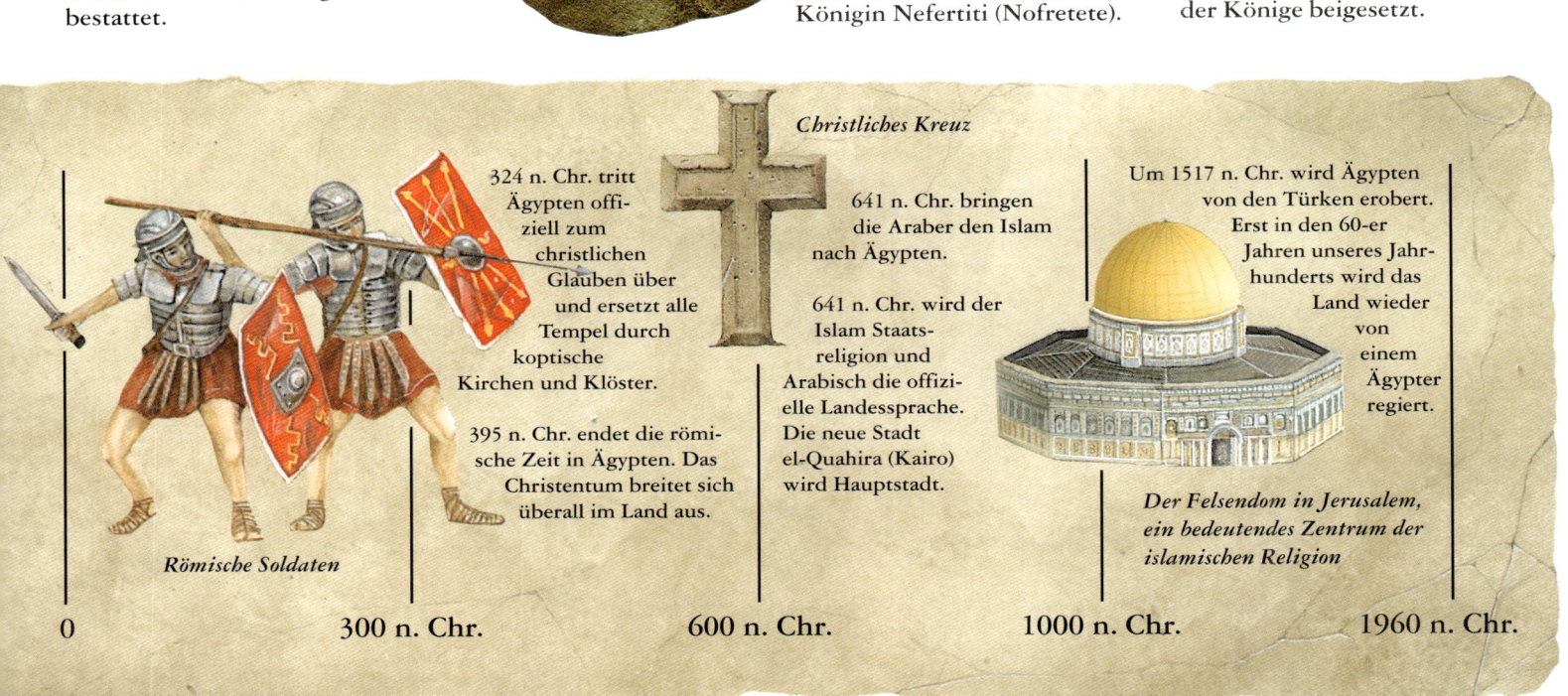

Römische Soldaten

Christliches Kreuz

324 n. Chr. tritt Ägypten offiziell zum christlichen Glauben über und ersetzt alle Tempel durch koptische Kirchen und Klöster.

395 n. Chr. endet die römische Zeit in Ägypten. Das Christentum breitet sich überall im Land aus.

641 n. Chr. bringen die Araber den Islam nach Ägypten.

641 n. Chr. wird der Islam Staatsreligion und Arabisch die offizielle Landessprache. Die neue Stadt el-Quahira (Kairo) wird Hauptstadt.

Um 1517 n. Chr. wird Ägypten von den Türken erobert. Erst in den 60-er Jahren unseres Jahrhunderts wird das Land wieder von einem Ägypter regiert.

Der Felsendom in Jerusalem, ein bedeutendes Zentrum der islamischen Religion

0   300 n. Chr.   600 n. Chr.   1000 n. Chr.   1960 n. Chr.

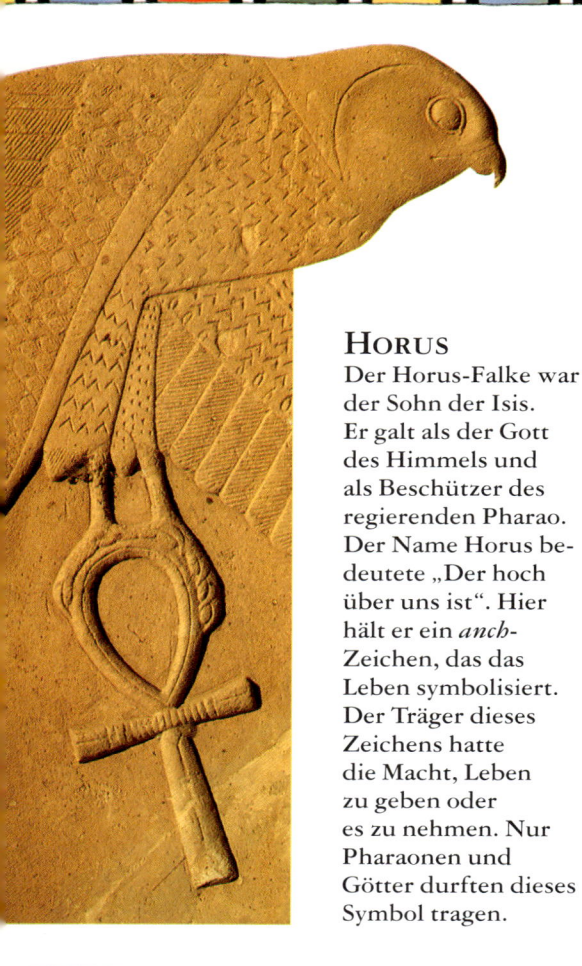

Das Land der Götter

DIE ALTEN ÄGYPTER glaubten, dass die geordnete Welt, in der sie lebten, aus dem Nichts entstanden sei. Chaos und Finsternis konnten jederzeit wiederkehren, wenn man sich nicht an die religiösen Rituale hielt. Der Geist der Götter wohnte in den Pharaonen, die demzufolge als Gottkönige verehrt wurden. Sie nahmen sich im Auftrag der Götter der täglichen Angelegenheiten des irdischen Lebens an. Im alten Ägypten verehrte man über 2000 Götter. Viele davon waren an eine bestimmte Region gebunden. So war der mächtige Amun der Gott der Stadt Theben. Einige Götter erschienen auch in Tiergestalt; das Krokodil war beispielsweise das Zeichen des Wassergottes Sobek. Man verband die Götter auch mit Berufen und Interessen. Die Nilpferdgöttin Thoëris (auch Taueret) galt als Schutzgöttin der Neugeborenen und der Geburt.

Viele einfache Ägypter verstanden nur wenig von der Religion des Hofes und der Adligen. Sie glaubten an Magie, lokale Geister und Götter und hegten ihre abergläubischen Vorstellungen.

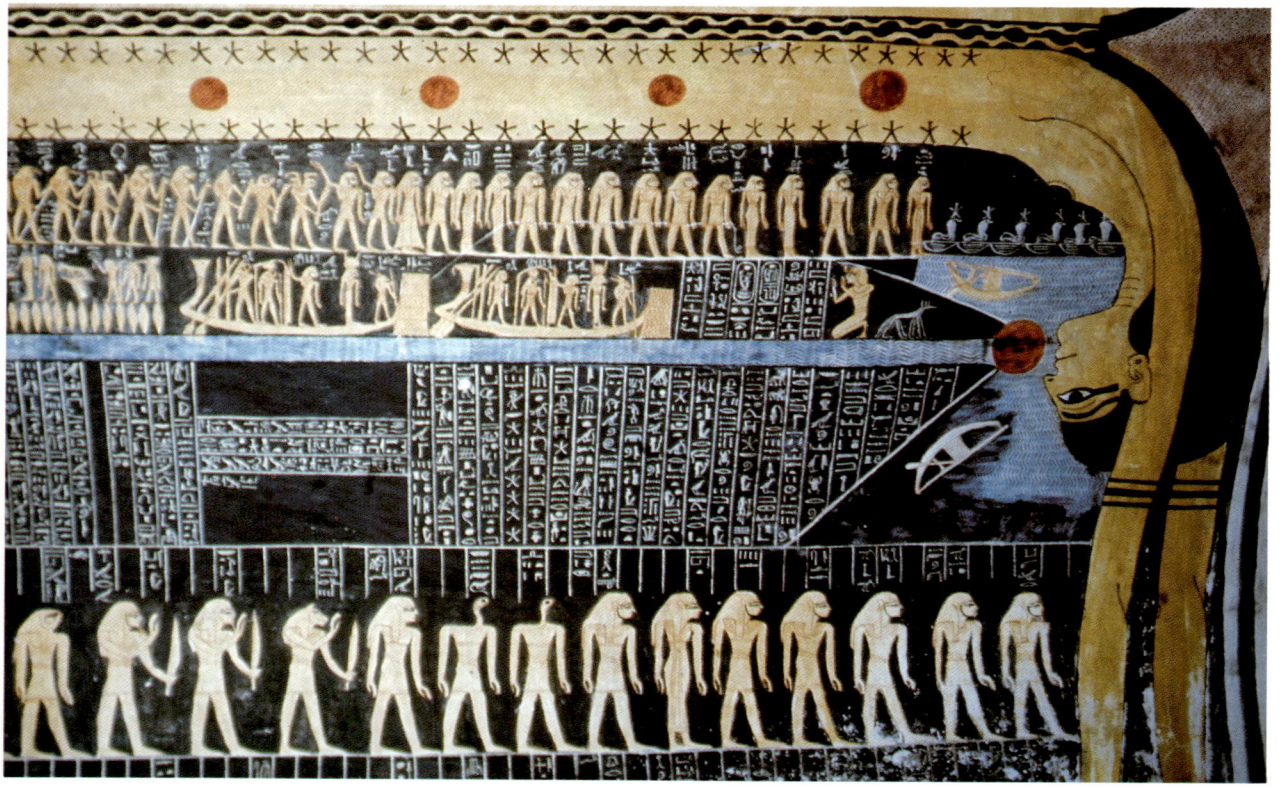

HORUS
Der Horus-Falke war der Sohn der Isis. Er galt als der Gott des Himmels und als Beschützer des regierenden Pharao. Der Name Horus bedeutete „Der hoch über uns ist". Hier hält er ein *anch*-Zeichen, das das Leben symbolisiert. Der Träger dieses Zeichens hatte die Macht, Leben zu geben oder es zu nehmen. Nur Pharaonen und Götter durften dieses Symbol tragen.

LOTUSBLUMEN
Der Lotus spielte für die Ägypter eine wichtige Rolle. Dieses heilige Symbol repräsentierte Oberägypten.

DIE GÖTTIN NUT
Nut mit ihrem sternenbedeckten Leib war die Göttin des Himmels. Sie ist häufig dargestellt, wie sie ihren Körper am Himmel entlang ausstreckt. In Ägypten glaubte man, dass Nut die Sonne jeden Abend verschlucke und am nächsten Morgen wieder zur Welt bringe. Der Gemahl der Göttin war Geb, der Gott der Erde. Ihre Kinder waren die Gottheiten Isis und Osiris.

Amun, der Gott von Theben

Amun war ursprünglich nur der Gott der Stadt Theben. Erst später wurde er in ganz Ägypten als Schöpfergott bekannt. Im Neuen Reich übertrug man die Eigenschaften so bedeutender Götter wie des Sonnengottes Ra auf ihn, und er erhielt den Namen Amun-Ra. Er wurde als der mächtigste von allen Göttern verehrt. Amun ist mitunter auch als Widder dargestellt.

Heilige Käfer

Der Skarabäus ist ein Käfer, der in Ägypten als heilig galt. Skarabäen aus Ton oder Stein wurden als Glück bringende Amulette, als Siegel oder Ringe getragen. An der Unterseite waren diese Talismane häufig mit dem Bericht über ein großes Ereignis beschrieben.

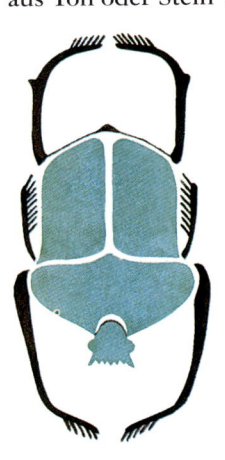

Osiris, der König der Unterwelt

Der große Gott Osiris ist hier wie ein König gekleidet. Er war einer der bedeutendsten Gottheiten des alten Ägypten, der Herr des Lebens und der Geisterwelt. Er galt auch als Gott des Ackerbaus. Ägyptische Legenden berichten, wie Osiris von seinem Bruder Seth, dem Gott des Chaos, ermordet und in Stücke geschnitten wurde. Anubis, der schakalköpfige Gott der Einbalsamierung, sammelte die Stücke ein, und Isis, seine Schwester, erweckte Osiris wieder zum Leben.

Katzenmumien

Seit der Zeit des Alten Reiches verehrten die Ägypter Götter in Tiergestalt. Die Katzengöttin Bastet galt als die Tochter des großen Sonnengottes Ra. Katzen waren den Ägyptern so heilig, dass viele Tiere nach ihrem Tod einbalsamiert, in leinene Bandagen gewickelt und als Mumien konserviert wurden. Man nimmt an, dass bronzene Katzenfiguren und die mumifizierten Tiere im Tempel der Göttin Bastet als Opfer dargebracht wurden.

Die Katze Miw

Katzen galten im alten Ägypten als heilige Tiere. Sie hatten sogar ihre eigene Gottheit. Die Liebe der Ägypter zu Katzen geht auf die frühen Ackerbauern zurück, die die Tiere zähmten, um mit ihrer Hilfe die Kornspeicher von Mäusen frei zu halten. Katzen wurden bald zu beliebten Haustieren. Das ägyptische Wort für Katze war *miw*, was doch ganz ähnlich wie Miau klingt.

Priester, Politiker und Gott

DAS WORT PHARAO stammt von dem ägyptischen *per-aa* ab, das „großes Haus" oder „Palast" hieß. Später benannte es den Mann, der im Palast wohnte – den Herrscher. Malereien und Statuen zeigen die Pharaonen mit den Zeichen des Königtums – mit Kronen, Kopfbedeckungen, falschen Bärten, Zeptern und mit Krummstab und Dreschflegel in den Händen.

Der König oder Pharao war die bedeutendste Person im alten Ägypten. Als Gott-Herrscher war er der Vermittler zwischen dem Volk und dessen Göttern. Er musste also entsprechend beschützt und umsorgt werden. Der Pharao führte ein Leben voller Pflichten, denn er war Hohepriester, bestimmte über den Erlass von Gesetzen, kommandierte das Heer und musste sich um das Wohl seines Landes sorgen. Auch musste er ein geschickter Politiker sein. Nach altem ägyptischem Glauben wurde er nach seinem Tod selbst zum Gott. Den Pharaonenthron bestiegen in der Regel nur Männer; doch regierten auch Königinnen das Land, wenn der Nachfolger eines verstorbenen Pharao noch minderjährig war. Ein Pharao konnte mit mehreren Frauen verheiratet sein. Es war in den Königsfamilien durchaus üblich, dass Väter ihre Töchter, und Brüder ihre Schwestern ehelichten. Um ein Bündnis mit einem anderen Staat zu schließen oder zu festigen, vermählten sich die Pharaonen auch mit Prinzessinnen aus dem fremden Land.

KRUMMSTAB UND DRESCHFLEGEL

Diese Zeichen des Gottes Osiris wurden zu Symbolen der königlichen Macht. Der Krummstab stand für die Königswürde und der Dreschflegel für die Fruchtbarkeit des Landes.

Dreschflegel
Krummstab

DIE MUTTERGÖTTIN DER PHARAONEN

Hathor wurde als die Muttergöttin jedes Pharaos verehrt. Hier ist sie dargestellt, wie sie den Pharao Haremhab nach dessen Tod im Jenseits willkommen heißt. Haremhab war ein Adliger, der als Heerführer großen Ruhm errang. Obgleich er kein Abkömmling der Königsfamilie war, wurde er 1323 v. Chr. zum Pharao ernannt.

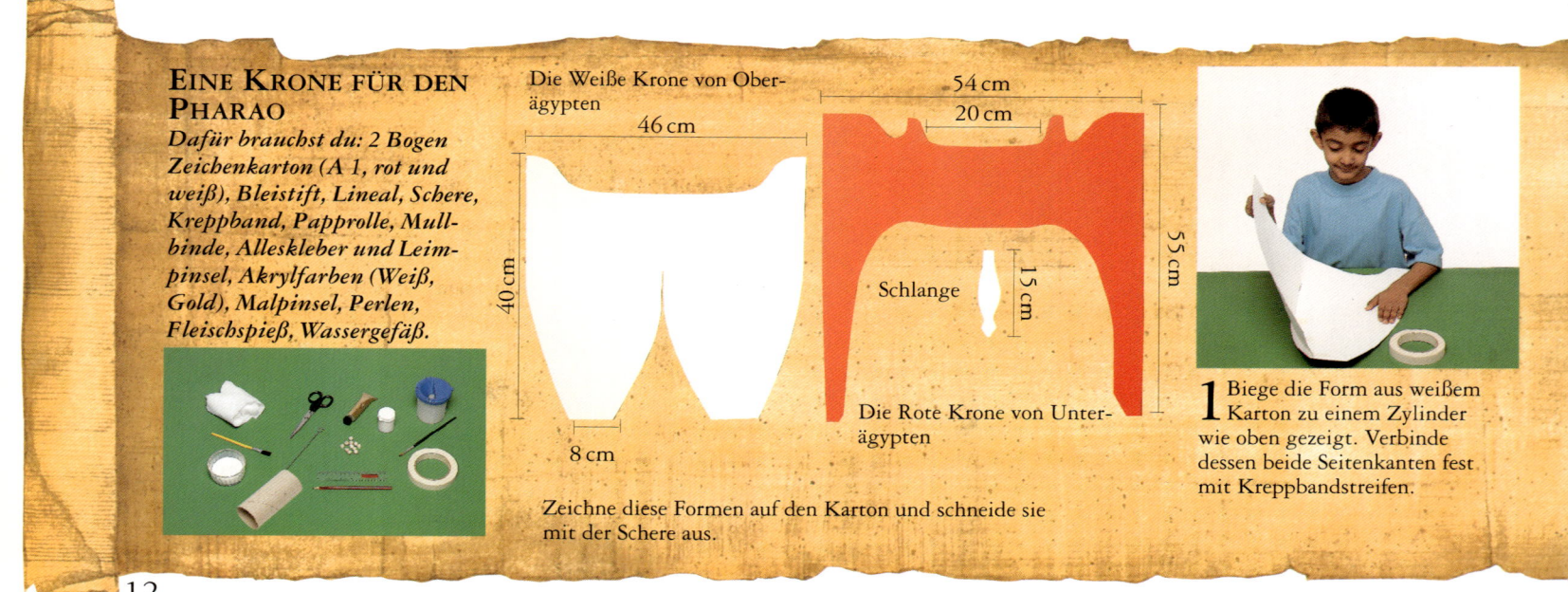

EINE KRONE FÜR DEN PHARAO

Dafür brauchst du: 2 Bogen Zeichenkarton (A 1, rot und weiß), Bleistift, Lineal, Schere, Kreppband, Papprolle, Mullbinde, Alleskleber und Leimpinsel, Akrylfarben (Weiß, Gold), Malpinsel, Perlen, Fleischspieß, Wassergefäß.

Die Weiße Krone von Oberägypten — 46 cm, 40 cm, 8 cm

Die Rote Krone von Unterägypten — 54 cm, 20 cm, Schlange 15 cm, 55 cm

Zeichne diese Formen auf den Karton und schneide sie mit der Schere aus.

1 Biege die Form aus weißem Karton zu einem Zylinder wie oben gezeigt. Verbinde dessen beide Seitenkanten fest mit Kreppbandstreifen.

RAMSES KOMMT ZU DEN GÖTTERN

Diese Wandmalerei zeigt den toten Ramses I. mit den Göttern Horus (*links*) und Anubis (*rechts*). Die Pharaonen mussten sicher in die Welt jenseits des irdischen Lebens gelangen, sonst wurde die Verbindung zwischen den Göttern und der Welt für immer unterbrochen.

DER TEMPEL DER KÖNIGIN

Dieser großartige Tempel (*unten*) wurde zu Ehren der Königin Hatschepsut erbaut. Er liegt bei Dar el-Bahri auf dem Westufer des Nils, in der Nähe des Tales der Könige, am Fuße steil aufragender Felsen. Die Königin ließ dieses Bauwerk als Totentempel errichten, in dem ihr Körper für die Bestattung hergerichtet werden sollte. Pyramiden, Grabmäler und Tempel stellten in Ägypten wichtige Machtsymbole dar. Mit dem Bau des Tempels wollte Hatschepsut das Volk daran erinnern, dass sie dazu bestimmt war, als Pharao zu herrschen.

HATSCHEPSUT

Ein weiblicher Pharao war etwas so ungewöhnliches, dass Königin Hatschepsut mit allen Zeichen eines männlichen Königs – einschließlich des falschen Bartes – dargestellt wurde. Hier trägt sie die Pharaonenkrone. Die Kobra in der Mitte ist das Zeichen für das Land Unterägypten.

Die Doppelkrone, die die Pharaonen trugen, hieß pschent. Sie symbolisierte die Vereinigung der beiden ägyptischen Königreiche. Die Weiße Krone (hedjet) verkörperte Oberägypten, der untere, rote Teil der Doppelkrone (deshret) stellte Unterägypten dar.

2 Schiebe die Papprolle in die Öffnung des Zylinders, befestige sie und ein Knäuel aus Mull mit Kreppband am oberen Rollenende. Die offenen Zylinderkanten mit Kleber bestreichen und aneinanderdrücken.

3 Wickle ein langes Stück Mullbinde um den weißen Zylinder. Mische weiße Farbe und Klebstoff zu gleichen Teilen und bestreiche Karton und Stoff damit. Stelle die Krone zum Trocknen an einen warmen Platz.

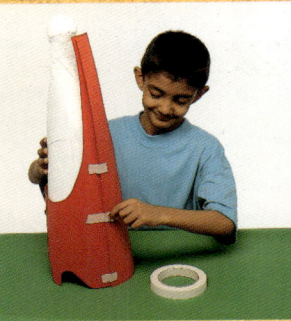

4 Nimm nun die Form aus rotem Karton zur Hand. Lege sie eng um die weiße Krone und verbinde ihre Seitenkanten mit Kreppband.

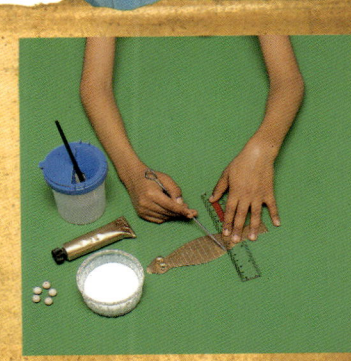

5 Streiche die Schlange goldfarben an. Klebe ihr Perlen als Augen an. Ist die Farbe getrocknet, dann ziehe Linien quer über den Schlangenkörper. Biege ihn zurecht und befestige ihn mit Klebstoff an der Krone wie oben gezeigt.

Königshof und Adlige

DIE ÄGYPTISCHEN PALÄSTE waren ausgedehnte Gebäudekomplexe. Eine solche Anlage bestand aus prächtigen Bauten, in denen der Pharao Herrscher fremder Länder empfing und Zeremonien abhielt. Die Mitglieder der königlichen Familie führten ein luxuriöses Leben in schönen Wohnhäusern, die unweit des Palastes standen. Die Häuser waren mit Wandmalereien verziert und hatten mit Kacheln ausgelegte Fußböden.

Auch die Statthalter der ägyptischen Gebiete lebten wie Fürsten, und die Pharaonen mussten stets darauf achten, dass sie nicht allzu reich und mächtig wurden. Zum Königshof gehörte eine ganze Reihe von Beamten und königlichen Ratgebern. Es gab hier außerdem Richter, Architekten, Steuerbeamte, Priester und Heerführer. Der wichtigste Hofbeamte von allen war der Wesir, der viele Pflichten auszuführen hatte, die eigentlich dem Pharao oblagen.

Beamte und Adlige bildeten die Oberschicht der ägyptischen Gesellschaft. Den Großteil der harten Arbeit, die das Leben im Lande reibungslos funktionieren ließ, verrichteten allerdings nicht sie, sondern Kaufleute und Handwerker, Bauern, Arbeiter und Sklaven.

FRAUEN AM HOF
Ahmose Nefertari war die Gemahlin von Ahmose I. Hier trägt sie eine Lotusblüte und einen Dreschflegel. Die ägyptischen Könige konnten mehrere Ehefrauen haben. Es war auch nicht ungewöhnlich, dass sie daneben noch einen ganzen Harem schöner Frauen besaßen.

ADLIGER MIT GEMAHLIN
Diese Kalksteinstatue zeigt ein unbekanntes Paar aus Theben. Der Mann hat vielleicht in einem geachteten Beruf – als Arzt, Regierungsbeamter oder Bauingenieur – gearbeitet. Adlige Frauen gingen keiner Arbeit nach, waren jedoch materiell unabhängig. Alles Eigentum, das eine Frau in die Ehe einbrachte, blieb ihr Eigentum.

DIE PRACHT DES KÖNIGSHOFES
Das war einst der Thronsaal des Palastes von Ramses III. bei Medinet Habu, das in der Nähe von Theben am Westufer des Nils lag. Die Pharaonen besaßen häufig mehrere Paläste; Medinet Habu gehörte zu den kleineren Residenzen Ramses' III. Die erhalten gebliebenen Bruchstücke von Ziegeln und Einrichtungsgegenständen vermitteln uns, wie prächtig der Palast gewesen sein muss. An einer Seite des Throns befindet sich ein kleiner Raum, den man heute für eine frühe Form der Duschzelle hält.

ENTSPANNUNG

Encherhau (*oben*), ein wohlhabender Aufseher, erholt sich zu Hause zusammen mit seiner Ehefrau. Beide lauschen der Musik eines Harfenspielers. Für Menschen, die über genügend Mittel verfügten, war das Leben im alten Ägypten recht angenehm. Könige und Adlige besaßen Tänzer, Musikanten und Akrobaten, von denen sie sich unterhalten ließen. In den Küchen ihrer Häuser bereiteten Köche Speisen für üppige Mahlzeiten. Die einfachen Menschen aus dem Volk dagegen begnügten sich mit einfachem Essen; zu einer Fleischmahlzeit reichte es bei ihnen nur selten.

HAARPFLEGE

Die königliche Familie ließ sich von Haussklaven bedienen, die die verschiedensten Aufgaben zu erfüllen hatten. Hier (*links*) lässt sich die junge Königin Kauit, die Gemahlin des Pharao Mentuhotep II., von ihrer Kammerzofe das Haar richten. Obwohl in wohlhabenden Haushalten viele weibliche Bedienstete Sklaven waren, gab es doch eine große Zahl freier Diener. Sie hatten das Recht, ihre Herrschaft jederzeit zu verlassen.

Städte, Häuser und Gärten

DIE GROSSEN STÄDTE des alten Ägypten wie Memphis und Theben waren am Ufer des Nils erbaut worden. Um sie herum wuchsen wie zufällig hingestreut kleinere Ortschaften. Auch besondere Arbeitersiedlungen wie das Dorf Deir el-Medina legte man in der Umgebung der Baustellen von Königsgräbern und Tempeln an, um die Arbeitskräfte in der Nähe des Baues unterbringen zu können.

Die ägyptischen Städte waren zum Schutz vor Eindringlingen mit dicken Mauern umgeben, ihre Straßen waren gitterförmig angelegt. Die geraden, staubigen Landstraßen waren in der Mitte mit steinernen Abflussrinnen versehen. Bestimmte Stadtteile beherbergten wichtige Beamte, während in anderen Handwerker und arme Arbeiter wohnten.

In Ägypten wurden damals nur Tempel für die Ewigkeit, also aus Stein gebaut. Alle anderen Bauten – von Königspalästen bis zu den Unterkünften der Arbeiter – bestanden aus Lehmziegeln. Die Dächer der meisten ägyptischen Häuser hatten eine Unterlage aus Palmstämmen, und die Fußböden bestanden aus festgestampfter Erde. Wohlhabendere Ägypter ließen die Wände ihrer Wohnhäuser verputzen und mit Malereien versehen. Ihre Häuser hatten mehrere Räume: Schlafzimmer, Wohnräume, Küchen in überdachten Höfen und Werkstätten. Das Mobiliar bestand aus Betten, Sesseln, Schemeln und Bänken. Am Abend, wenn es kühl wurde, saßen die Menschen dann auf den Flachdächern oder gingen, in eine Unterhaltung vertieft, in kühlen, schattigen Gärten spazieren.

DER GARTEN DES SCHREIBERS
Der königliche Schreiber Nacht und seine Ehefrau Tjiui machen einen Abendspaziergang durch ihren Garten. Das Wasserbecken ist von Bäumen und Sträuchern umgeben. In den Gärten Ägyptens waren Dattelpalmen, Granatapfelbäume, Weinstöcke, roter Mohn und blau oder rosa blühender Lotus zu finden. Die Künstler stellten damals ihre Objekte in ein und demselben Bild aus unterschiedlichen Blickwinkeln dar; daher wird der Anschein erweckt, die Bäume lägen flach um Nachts Wasserbecken.

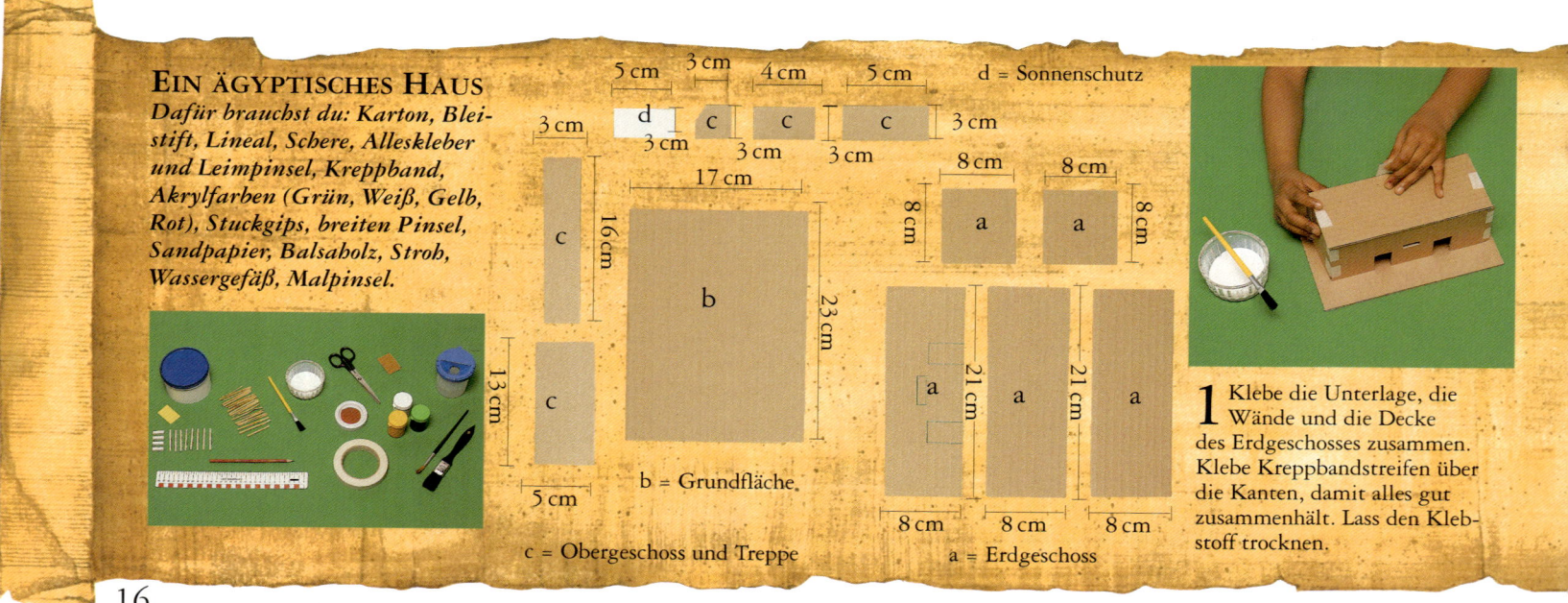

EIN ÄGYPTISCHES HAUS
Dafür brauchst du: Karton, Bleistift, Lineal, Schere, Alleskleber und Leimpinsel, Kreppband, Akrylfarben (Grün, Weiß, Gelb, Rot), Stuckgips, breiten Pinsel, Sandpapier, Balsaholz, Stroh, Wassergefäß, Malpinsel.

d = Sonnenschutz
b = Grundfläche
c = Obergeschoss und Treppe
a = Erdgeschoss

1 Klebe die Unterlage, die Wände und die Decke des Erdgeschosses zusammen. Klebe Kreppbandstreifen über die Kanten, damit alles gut zusammenhält. Lass den Klebstoff trocknen.

ÜBER DEN NILFLUTEN

Wohlhabende Ägypter ließen ihre Häuser oft auf erhöhte Plattformen bauen, um die Lehmziegelwände vor Feuchtigkeit zu schützen. Damit waren die Gebäude gleichzeitig vor möglichen Flutschäden geschützt.

EIN HAUS FÜR DIE SEELE

Tonmodelle vermitteln uns eine klare Vorstellung davon, wie einst die Häuser der ärmeren Ägypter beschaffen waren. In der Epoche des Mittleren Reiches gab man den Toten diese Seelenhäuser mit ins Grab. Die Ägypter legten Nahrungsmittel in den Hof des Hauses, damit die Seele des Verstorbenen auch im Jenseits zu essen und zu trinken hatte.

LEHMZIEGEL

Die Ägypter stellten aus dem dicken, lehmigen Schlamm, den die Nilfluten zurückließen, Ziegel her. Der Schlamm wurde in eine Ziegelei gebracht und dort mit Wasser, Kieseln und Strohhäcksel vermengt. Noch heute verwendet man in Ägypten Lehmziegel zum Bau von Häusern, und sie werden genauso hergestellt wie zu Zeiten der Pharaonen.

Stroh

lehmiger Schlamm

DIE HERSTELLUNG VON LEHMZIEGELN

Hier stellt eine Gruppe von Arbeitern Ziegel her. Zunächst wurde lehmiger Schlamm in Ledereimern gesammelt und zur Baustelle getragen. Dort vermischte man ihn mit Stroh und Kieseln. Zuletzt wurde das Gemisch in eine Form gefüllt. Zu jener Zeit stempelte man die Ziegel gelegentlich mit dem Namen des Pharao oder des Bauwerks, für das sie hergestellt wurden. Sie trockneten einige Tage lang in der heißen Sonne, bevor man sie, auf einen Tragegurt gesetzt, wegbrachte.

Die ägyptischen Häuser verfügten über einen großen Hauptraum, aus dem man direkt auf Straße hinaustrat. Oftmals führten Treppenstufen auf das Dach hinauf. Dort schliefen die Menschen, wenn es sehr heiß war.

2 Klebe nun das Obergeschoss und die Treppen zusammen. Überklebe die Kanten zur Stabilisierung wieder mit Kreppband. Ist das Obergeschoss trocken, dann klebe es auf das Erdgeschoss.

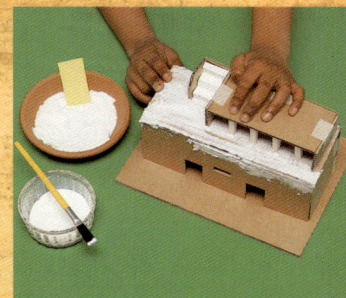

3 Klebe die Balsasäulen an die Vorderseite des Obergeschosses. Sind alle Klebestellen getrocknet, dann bestreiche das Haus mit Stuckgipsbrei. Male die Säulen rot oder mit einer Farbe deiner Wahl an.

4 Streiche das gesamte Gebäude lehmfarben. Male einen grünen Längsstreifen auf. Klebe die „Hausmauer" vorher zu beiden Seiten mit Kreppband ab, damit der Streifen gerade wird. Glätte alle rauen Kanten mit Sandpapier.

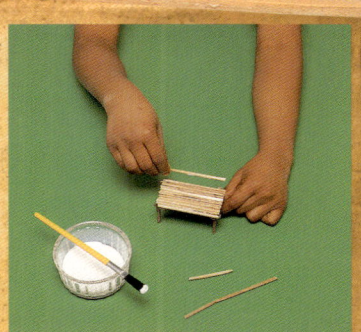

5 Stelle nun einen Sonnenschutz auf dem Dach her. Verwende 4 Balsastäbe als Stützen. Das Sonnendach kann aus Karton geschnitten und mit Stroh beklebt werden. Klebe den Sonnenschutz auf dem Hausdach fest.

Facharbeiter im Alten Ägypten

Im alten Ägypten stellten ausgebildete Arbeiter und Handwerker eine Mittelklasse zwischen den armen, ungelernten Arbeitern und den reichen Beamten und Adligen dar. Wandmalereien und aus Ton geformte Modelle zeigen uns, wie Kunsthandwerker Schnitzereien aus Stein oder Holz anfertigten, Töpferwaren herstellten oder Edelmetalle bearbeiteten. Es gab auch Bootsbauer, Stellmacher und Fachleute aus vielen anderen Berufen.

Künstler und Handwerker wurden nicht selten für ihr Können gut belohnt, und einige von ihnen erlangten mit ihren Arbeiten große Berühmtheit. Im Jahre 1912 grub man in el-Amarna das Haus und die Werkstatt eines Bildhauers mit Namen Thutmosis aus. Er war in seinem Beruf einst sehr erfolgreich und gehörte zu den Favoriten der königlichen Familie.

Kunsthandwerker wohnten oftmals in eigenen Stadtteilen. Nicht weit von Theben, bei Deir el-Medina, wurde ein gesondertes Dorf für die Erbauer der großartigen, aber geheimen Königsgräber angelegt. Zusammen mit den etwa einhundert Häusern fanden die Archäologen dort Lieferlisten für Waren sowie Skizzen und Pläne, die auf Tonscherben gezeichnet waren. Die Arbeitsbedingungen ließen wahrscheinlich mitunter zu wünschen übrig, denn die Aufzeichnungen zeigen, dass die Arbeiter auch streikten. Es ist gut möglich, dass sie später am Ausrauben der Gräber, die sie selbst mit gebaut hatten, beteiligt waren.

Gold und Glas
Dieses Gehänge zeigt die Kunstfertigkeit ägyptischer Handwerker. Es hat die Form von Nechbet, der Geiergöttin Oberägyptens. Hier wurde verschiedenfarbiges Glas nach einem Verfahren der Emailtechnik, Émail cloisonné oder Zellenschmelz genannt, zusammen mit Gold verarbeitet. Der Schmuck wurde neben zahlreichen anderen schönen Gegenständen im Grab des Tutanchamun gefunden.

Goldschmiede bei der Arbeit
Dieses Wandgemälde aus dem Jahre 1395 v. Chr. zeigt Goldschmiede an ihren Arbeitstischen. Einer von ihnen fertigt einen dekorativen Kragen an, während die anderen Edelsteine oder Perlen verarbeiten. Mit den Bogensehnen wurden Metallbohrer angetrieben.

DEIR EL-MEDINA

Die Steinfundamente des Dorfes Deir el-Medina am Westufer des Nils sind noch heute zu sehen. Sie sind über 3500 Jahre alt. Einst wohnten in Deir el-Medina Facharbeiter und Handwerker, die die Königsgräber im Tal der Könige bauten und ausschmückten. Die Männer arbeiteten an acht von zehn Tagen. Das Dorf existierte vier Jahrhunderte lang, war groß und wohlhabend. Dennoch hatte es keine eigene Wasserversorgung. Das Wasser musste zur Baustelle getragen und in einem bewachten Behälter aufbewahrt werden.

VERSCHIEDENE GEWERKE UNTER EINEM DACH

In dieser Werkstatt sind Handwerker bei ihrer harten Arbeit zu sehen: Zimmerleute sägen und bohren Holz, Töpfer bemalen Tonkrüge und Steinmetzen bearbeiten mit dem Meißel Steine. Ein Aufseher prüft die Qualität jedes fertigen Gegenstandes.

Breitbeil

Ahle

Glättsteine

Meißel

Bogenbohrer

Ölflasche

Bohrer

Säge

Zugsäge

Axt

LANDVERMESSUNG

Beamte halten eine Messschnur an ein Feld, um dessen Fläche zu berechnen und um ein Grundstück für die Registrierung zu vermessen.

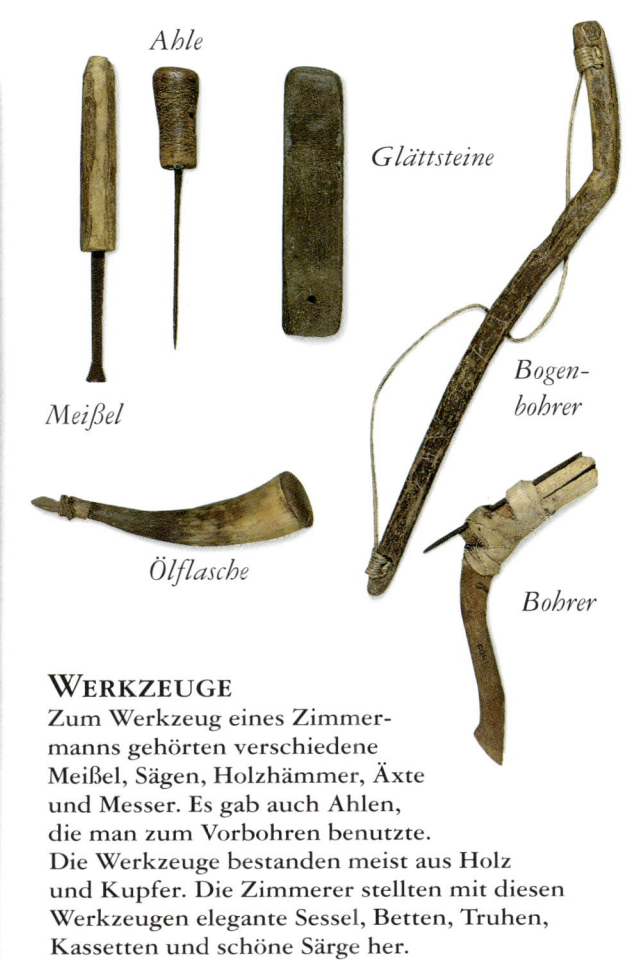

WERKZEUGE

Zum Werkzeug eines Zimmermanns gehörten verschiedene Meißel, Sägen, Holzhämmer, Äxte und Messer. Es gab auch Ahlen, die man zum Vorbohren benutzte. Die Werkzeuge bestanden meist aus Holz und Kupfer. Die Zimmerer stellten mit diesen Werkzeugen elegante Sessel, Betten, Truhen, Kassetten und schöne Särge her.

Kunst und Handwerk

DIE ALTEN ÄGYPTER liebten schöne Gegenstände, und ihre kunsthandwerklichen Arbeiten, die bis heute erhalten geblieben sind, lassen uns noch heute staunen. Da gibt es schimmernde Goldringe und Gehänge, mit gläsernen Einlegearbeiten versehene Halsketten und Fayencen – glasierte Tonwaren – in leuchtendem Blau. Krüge aus glattem weißem Stein, den man Alabaster nennt, sind nahezu unversehrt erhalten geblieben; auch Sessel und Truhen aus Zedernholz, das aus dem Nahen Osten kam, hat man gefunden.

Die Ägypter stellten auch schöne Körbe und Vorratsgefäße her. Manche Tontöpfe und -figuren waren aus lehmhaltigem Nilschlamm gemacht, doch die feinsten Tonwaren wurden aus einer kreidehaltigen Erde gefertigt, die man bei Quena fand. Die Gefäße wurden von Hand oder später auf der Töpferscheibe geformt. Manche wurden mit glatten Kieseln poliert, bis ihre Oberfläche schimmerte. Die vielen schönen Gegenstände, die man den Verstorbenen damals mit ins Grab gab, damit sie im jenseitigen Leben benutzt werden konnten, haben uns ein reiches Wissen über das Kunsthandwerk im alten Ägypten vermittelt.

ALABASTERKUNST
Dieser kunstvoll gearbeitete Krug gehörte zu den Schätzen im Grab des Tutanchamun. In solchen Gefäßen bewahrte man kostbare Öle und Parfums auf.

EIN GLÄSERNER FISCH
Dieser Fisch mit seinem schönen Streifenmuster sieht aus, als käme er direkt aus den Korallenriffs des Roten Meeres. Tatsächlich jedoch dienten Gefäße dieser Art zur Aufbewahrung von Ölen. Glasgefäße wurden in Ägypten nach 1500 v. Chr. populär. Die Glasmasse stellte man aus Sand und Salzkristallen her und verarbeitete sie dann mit Hilfe der Sandkerntechnik weiter. Sie wurde mit Metallen gefärbt und noch heiß geformt.

LOTUSKACHELN
Dafür brauchst du: 2 Bogen Zeichenkarton, Bleistift, Lineal, Schere, lufttrocknenden Ton, Modelliermesser, Sandpapier, Akrylfarben (Blau, Gold, Grün, Ockergelb), Wassergefäß, Pinsel, Nudelholz und ein Brett.

1 Zeichne nach dem Vorbild der fertigen Stücke beide Kachelformen auf Karton. Schneide sie aus. Übertrage ein Kachelmuster aus beiden Formen auf einen Karton und beschneide die Kanten entsprechend dem Umriss des Musters.

2 Rolle den Ton mit dem Nudelholz oder einer Flasche auf dem Brett aus. Lege den Karton darauf und schneide mit dem Modelliermesser an den Kachelumrissen entlang. Lege die Tonreste beiseite.

3 Übertrage die Umrisse der einzelnen Kacheln sorgfältig auf den Ton. Benutze dazu die Schablone. Zieh die Formen mit dem Messer nach, aber trenne sie noch nicht durch.

SCHÄTZE DER WÜSTE

Die im grünen Niltal lebenden Siedler hassten und fürchteten die Wüste. Sie nannten sie das Rote Land. Diese unfruchtbaren Gebiete lieferten ihnen jedoch reiche Schätze – blaugrüne Türkise, purpurfarbene Amethyste und blaue Achate.

blauer Achat   *Türkis*   *Amethyst*

DEKORATIVE KACHELN

Archäologen fanden bei Grabungen in Ägypten viele schöne Kacheln. Man nimmt an, dass mit diesen Stücken einst Einrichtungsgegenstände und Fußböden der Pharaonenpaläste geschmückt waren.

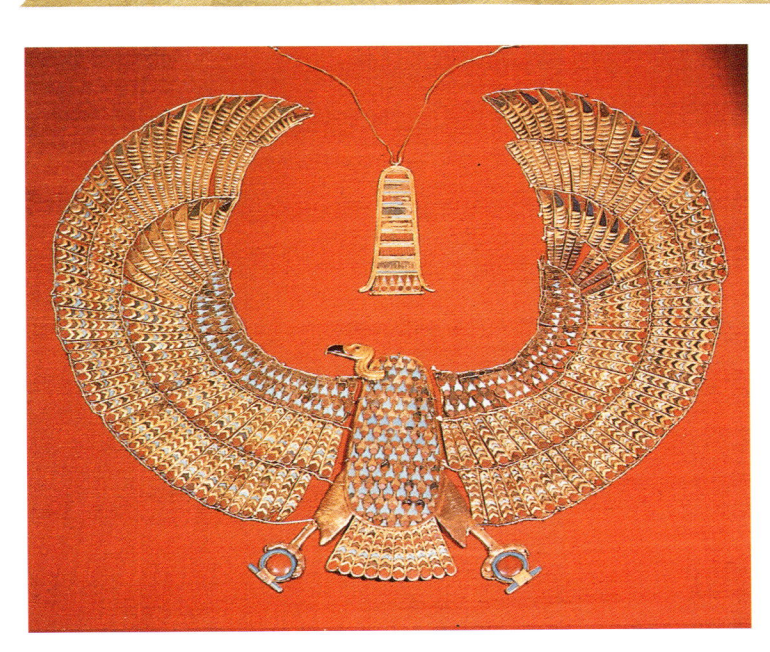

TUTANCHAMUNS TRUHE

Diese bemalte Truhe zeigt Tutanchamun im Kampf gegen die Syrer und Nubier. Auf dem Deckel ist der junge König bei der Jagd in der Wüste zu sehen. Die unglaublich detailreiche Bemalung deutet an, dass hier ein sehr geschickter Künstler am Werk war. Als man Tutanchamuns Grab öffnete, fand man diese Truhe mit Kinderkleidern gefüllt. Die Luft in der Wüste war so trocken, dass weder Holz noch Leder oder Stoff durch Witterungseinflüsse zerstört wurden.

GEIERKRAGEN

Diese herrliche Arbeit war einer der siebzehn Kragen, die man in Tutanchamuns Grab fand. Die Flügel der Geiergöttin Nechbet bestehen aus 250 Federteilen, die aus farbigem, in Gold gefasstem Glas gefertigt wurden. Schnabel und Auge des Geiers wurden aus schwarzem vulkanischem Glas – Obsidian – gemacht. Dieser Kragen sowie andere erstaunlich schöne Gegenstände aus Tutanchamuns Grab sind ein Beweis für die schier unglaubliche Kunstfertigkeit ägyptischer Handwerker.

4 Ritze mit dem Modelliermesser Blätter und Blüten in die weiche Tonoberfläche wie oben gezeigt. Trenne nun die einzelnen Kacheln voneinander und lass sie zum Trocknen liegen.

5 Sind die Kacheln auf einer Seite trocken, dann drehe sie um und lass die andere Seite trocken werden. Schleife danach die Kanten der Kacheln mit Sandpapier glatt.

6 Jetzt kannst du die Kacheln bemalen. Trage dem eingeritzten Muster entsprechend vorsichtig grüne, ockergelbe, goldene und blaue Farbe auf. Lass alles an einem warmen Platz trocknen.

Kacheln, die ähnlich wie diese hier aussehen, hat man in einem Königspalast in Theben gefunden. Das Muster erinnert an Lotus, die geheiligte Wasserlilie des alten Ägypten.

Die Erbauer der Pyramiden

DIE ÄGYPTISCHEN PYRAMIDEN waren mächtige vierseitige Grabbauten, die für die Pharaonen des Alten Reiches errichtet wurden. Ihre dreieckig geformten Seiten trafen sich in einem Punkt an der Spitze des Bauwerks. Die erste Pyramide Ägyptens wurde um 2650 v. Chr. bei Sakkara erbaut. Sie ist stufenförmig angelegt. Die imposantesten Pyramiden, die hundert Jahre später bei Giseh entstanden, hatten im Gegensatz zu dieser Stufenpyramide gerade Seitenkanten. Ihre Spitzen trugen wahrscheinlich goldene Hauben. Im Innern der Bauwerke befanden sich Grabkammern und Geheimgänge. Niemand weiß wirklich, weshalb die Ägypter diese Grabmäler in Pyramidenform bauten; vielleicht waren sie als Treppe zum Himmel gedacht, die den Pharaonen den Weg ins ewige Leben erleichtern sollten.

Um die Pyramiden bauen zu können, brauchte man Architekten, Ingenieure und Steinmetzen, die mit mathematischer Präzision und sagenhafter Kunstfertigkeit arbeiteten. Ihre imposanten Werke sind noch heute zu bewundern. Die groben Arbeiten, die beim Bau anfielen, wurden nicht von Sklaven, sondern von etwa 100 000 ungelernten Arbeitern verrichtet, die jedes Jahr, wenn die Nilfluten die Feldarbeit zeitweise unmöglich machten, dienstverpflichtet wurden.

VOM WIND ABGETRAGEN
Diese Pyramide bei Dahshur wurde für Pharao Amenemhet III. erbaut. Ihre Kalksteinverkleidung wurde gestohlen, und der ungeschützte Lehmziegelkern wurde mit der Zeit von den scharfen Wüstenwinden abgetragen. Nach dem Bau der ersten Stufenpyramide bei Sakkara wurden Pyramiden zur typischen Form der Grabbauten. Beispiele dafür sind in Medum, Dahshur und Giseh zu sehen. Amenemhets Pyramide ist charakteristisch für die Königsgräber des Mittleren Reiches. In dieser Zeit verwendete man für den Bau von Grabmälern nur minderwertiges Material.

DIE STUFENPYRAMIDE
Die erste Stufenpyramide wurde bei Sakkara für Pharao Djoser erbaut. Das Grabmal war zu Anfang wahrscheinlich eine Mastaba, eine ältere Form der Begräbnisstätten, die als Ziegelbau über einem unterirdischen Grab errichtet wurde. Djosers Mastaba wurde dann zu einer Pyramide mit sechs gewaltigen Stufen weiterentwickelt. Sie erhob sich 60 Meter hoch über dem Wüstensand und bedeckte die unterirdische Begräbnisstätte des Pharao sowie elf weitere Grabkammern für die übrigen Mitglieder der Königsfamilie.

DER ARCHITEKT DES KÖNIGS
Imhotep war Wesir oder Schatzmeister am Hofe des großen Pharao Djoser. Er entwarf die gewaltige Stufenpyramide bei Sakkara. Diese Pyramide war das erste große Bauwerk, das ganz aus Stein errichtet wurde. Imhotep war ein vielseitig gebildeter Mann. Er arbeitete als Schreiber, Astronom, Arzt, Priester und Architekt. In der Spätzeit des ägyptischen Reiches verehrte man ihn als Gott der Heilkunde.

DER RÄTSELHAFTE SPHINX

Über die Pyramiden von Giseh wacht ein gewaltiger Sphinx. Dieses gewaltige steinerne Abbild eines Löwen hat den Kopf eines Menschen; er stellt möglicherweise den Pharao Chafre dar. Man nimmt an, dass der Große Sphinx auf Anordnung dieses ägyptischen Königs gebaut wurde. Er blickt nach Osten, der aufgehenden Sonne entgegen. Während der letzten 4500 Jahre lag er die meiste Zeit fast vollständig unter dem Wüstensand begraben. Er trägt eine Inschrift aus dem Jahre 1419 v. Chr., die berichtet, dass Prinz Thutmosis IV. zwischen den Pranken des Monuments eingeschlafen war und vom Sonnengott geweckt wurde. Dieser verkündete ihm, dass er König würde, wenn er den Sphinx vom Sand befreite. Thutmosis tat das und wurde später zum Pharao gekrönt.

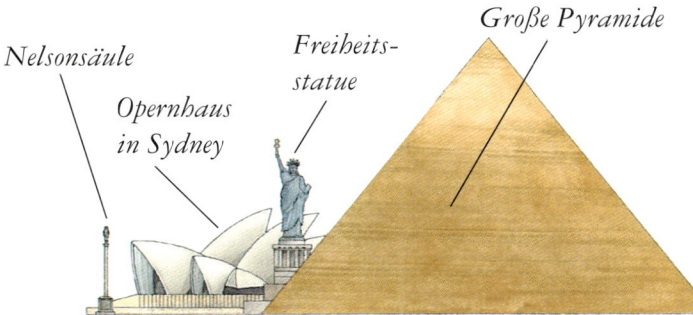

Nelsonsäule

Opernhaus in Sydney

Freiheitsstatue

Große Pyramide

DIE PYRAMIDEN BEI GISEH

Die drei Pyramiden bei Giseh gehörten Pharao Chufu, seinem Sohn Chafre und dem Pharao Menkaure. Obwohl Chufus Pyramide in der Mitte die größte zu sein scheint, steht sie in Wirklichkeit nur auf einem leicht erhöhten Grund. Die höchste ist Chufus Pyramide auf der rechten Seite, auch Große Pyramide genannt. Vor den Pyramiden befinden sich drei kleinere Bauwerke; sie waren für Menkaures Gemahlinnen bestimmt. Nach der Fertigstellung des Rohbaues wurden die Pyramiden mit blendend weißem Kalkstein verkleidet. Einige der Kalksteinblöcke sind noch heute am Fuße der Grabbauten zu sehen.

EIN HÖHENVERGLEICH

Die Pyramiden galten und gelten noch heute als Meisterwerke der Architektur und des Bauingenieurwesens. Die Große Pyramide war ursprünglich 147 Meter hoch. Selbst mit ihrer heutigen Höhe von 137 Metern überragt sie noch viele moderne Bauwerke.

Dritte Pyramide
Ursprüngliche Höhe: 70 m

Zweite Pyramide
Ursprüngliche Höhe: 136 m

Große Pyramide
Ursprüngliche Höhe: 147 m

Ein Weltwunder

TOURISMUS FRÜHER
Im 19. Jahrhundert ließen es sich die Reisenden, die gekommen waren, um die Pyramiden zu sehen, nicht nehmen, die Spitze der Großen Pyramide zu erklimmen. Von da aus hatte man die schönste Aussicht über Giseh. Eine solche Kletterpartie war allerdings gefährlich; einige Besucher stürzten sich dabei zu Tode.

LANGE ZEIT galt die Große Pyramide bei Giseh als das höchste Bauwerk der Welt. Ihre Grundfläche misst 230 Quadratmeter, und ihre ursprüngliche Höhe betrug 147 Meter. Sie besteht aus rund 2 300 000 wuchtigen Steinblöcken, von denen jeder etwa 2,5 Tonnen wiegt. Sie ist das älteste der sieben Weltwunder der Antike und das einzige, das heute noch steht. Schon in der Antike kamen Reisende, um das gewaltige Äußere der Großen Pyramide zu bewundern.

Die Abmessungen und das Alter der Großen Pyramide sind kaum vorstellbar. Das Bauwerk ließ Pharao Chufu (Cheops), der im Jahre 2566 v. Chr. starb, zu seinen Lebzeiten errichten. Nicht weit davon entfernt wurde ihm zu Ehren ein großartiger Tempel gebaut. Die Pyramide sollte Chufus Körper auf seiner Reise ins Jenseits schützen. In ihrem Innern führt ein 47 Meter langer Gang zu einer der drei Grabkammern; doch Chufus sterbliche Überreste wurden nicht gefunden. Der Körper des Pharao war schon vor langer Zeit geraubt worden.

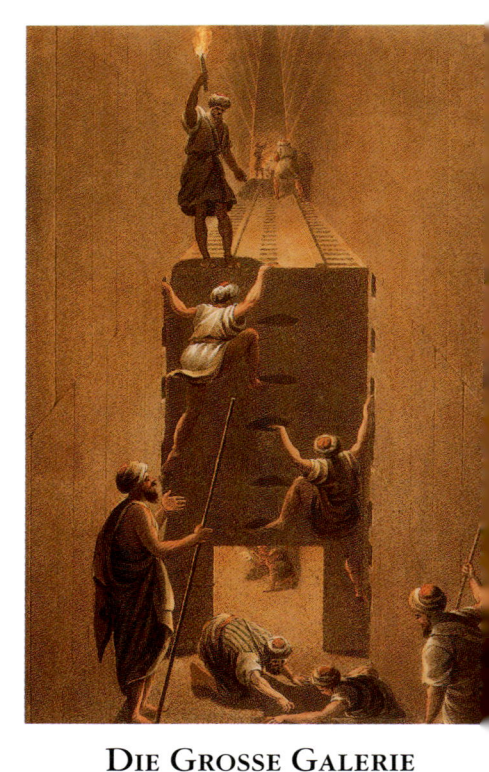

DIE GROSSE GALERIE
Der enge Gang mit seinen steil aufragenden Wänden ist unter dem Namen Große Galerie bekannt. Er führt zur Grabkammer im Innern der Pyramide. Nach König Chufus Bestattung ließ man Granitblöcke in die Galerie rutschen, um die Kammer zu verschließen. Dennoch gelang es ägyptischen Grabräubern, in die Kammer einzubrechen und sie auszurauben.

EINE PYRAMIDE

Dafür brauchst du: Zeichenkarton, Bleistift, Lineal, Schere, Alleskleber und Leimpinsel, Kreppband, Akrylfarben (Gelb, Weiß, Gold), Gipsbrei, Sandpapier, Wassergefäß und Malpinsel.

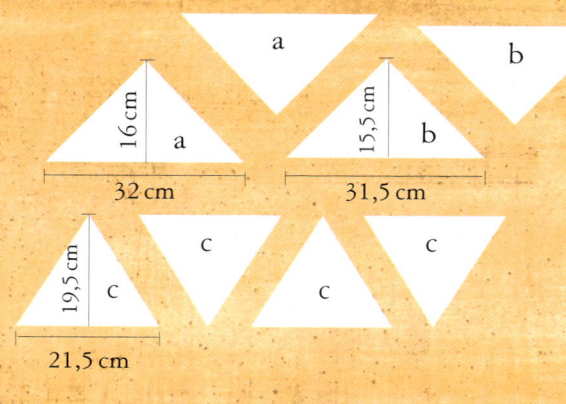

Baue die Pyramide aus zwei Hälften zusammen. Schneide für jede Hälfte ein Dreieck für die Grundfläche (a) und für die Innenseite (b) und zwei Dreiecke für die Seiten (c) zurecht.

1 Klebe zunächst eine Pyramidenhälfte zusammen und versieh die Verbindungsstellen mit Kreppbandstreifen wie oben gezeigt. Baue dann auf die gleiche Weise die zweite Hälfte zusammen.

Das Innere einer Pyramide

Der Querschnitt zeigt das Innere der Großen Pyramide. Der Plan für die Gestaltung des Pyramideninnern wurde während der Bauarbeiten mehrmals geändert. Möglicherweise war zunächst eine unterirdische Kammer als Chufus Grab vorgesehen. Dieser Raum wurde jedoch nie vollendet. Eine zweite Kammer, die unter dem Namen Königinkammer bekannt ist, fand man ebenfalls leer. Tatsächlich war der Pharao in der Königskammer bestattet. Nach der Bestattungszeremonie musste das Grab verschlossen werden. Dazu ließ man Steinblöcke um die Große Galerie gleiten. Die Arbeiter verließen den Ort durch einen Schacht, ehe die Steine an ihren endgültigen Platz fielen.

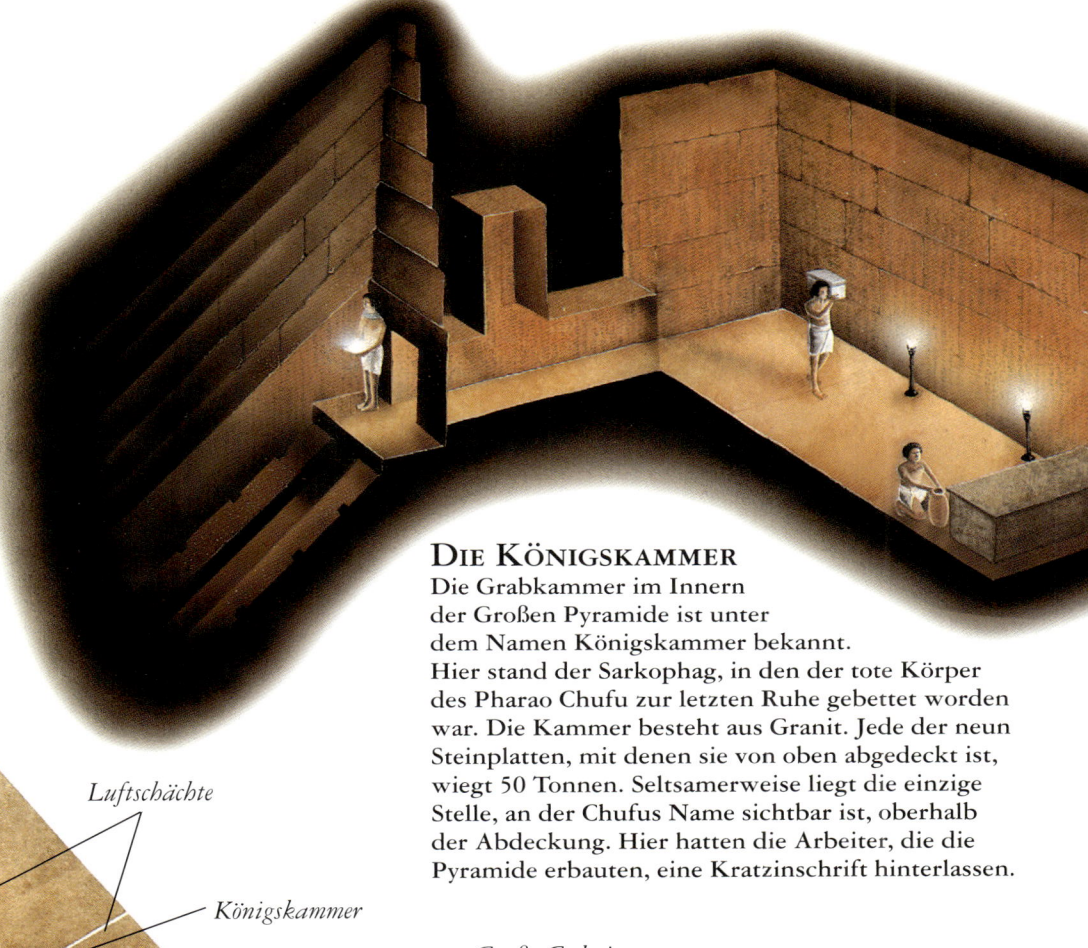

Die Königskammer

Die Grabkammer im Innern der Großen Pyramide ist unter dem Namen Königskammer bekannt. Hier stand der Sarkophag, in den der tote Körper des Pharao Chufu zur letzten Ruhe gebettet worden war. Die Kammer besteht aus Granit. Jede der neun Steinplatten, mit denen sie von oben abgedeckt ist, wiegt 50 Tonnen. Seltsamerweise liegt die einzige Stelle, an der Chufus Name sichtbar ist, oberhalb der Abdeckung. Hier hatten die Arbeiter, die die Pyramide erbauten, eine Kratzinschrift hinterlassen.

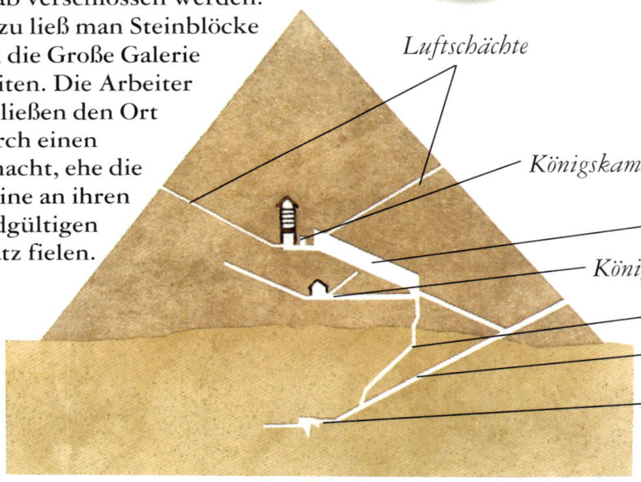

Luftschächte
Königskammer
Große Galerie
Königinkammer
Rettungsschacht für Arbeiter
Gang
unvollendete Kammer

2 Mische gelbe und weiße Farbe mit etwas Gipsbrei, damit die Pyramidenoberfläche nachher nicht zu glatt aussieht. Gib etwas Klebstoff dazu, damit die Mischung am Karton haftet. Bestreiche die Pyramidenhälften damit.

3 Lass die Pyramidenhälften an einem warmen Platz trocknen. Sind sie ganz trocken, dann glätte ihre Spitzen mit Sandpapier. Klebe die Hälften unterhalb der Spitze mit Kreppband ab.

4 Bemale nun die Spitzen der Pyramidenhälften mit goldener Farbe und lass sie trocknen. Ziehe das Kreppband unterhalb der Spitzen ab und klebe die beiden Hälften zusammen. Stelle deine Pyramide in ein Sandbett.

Der Bau der Großen Pyramide dauerte schätzungsweise 23 Jahre. Die Pyramiden waren ursprünglich mit Kalkstein verkleidet, der sie blendend weiß aussehen ließ. Der Abdeckstein an der Spitze war wahrscheinlich mit einem Mantel aus Gold versehen.

Das Tal der Könige

Im Jahre 1550 v. Chr. wurde die Hauptstadt Ägyptens nach Theben verlegt. Damit begann die Epoche des Neuen Reiches. Die alten Ägypter bauten nicht länger Pyramiden, da gerade das, was diese Bauten schützen sollten, oft genug die Beute von Grabräubern geworden war. Das Volk errichtete noch immer prachtvolle Tempel zu Ehren seiner verstorbenen Herrscher, doch die Pharaonen wurden nun in geheimen unterirdischen Gräbern bestattet. Diese lagen am Westufer des Nils, hinter dem jeden Abend die Sonne versank, in den Felsen am Rande der Wüste versteckt. Von hier aus trat der Pharao nach seinem Tode die Reise zum Sonnengott an.

Zu den Begräbnisplätzen in der Nähe von Theben gehörten das Tal der Könige, das Tal der Königinnen und das Tal der Adligen. Die Gräber waren voll von funkelnden Schätzen. Auch Gebrauchsgegenstände, die die Verstorbenen in ihrem nächsten Leben benötigten – Nahrungsmittel, königliche Kleider, vergoldete Möbel, Schmuck, Waffen und Streitwagen – hatte man ihnen mit ins Grab gegeben.

Die Gräber waren zum Schutz vor Eindringlingen von geheimen Polizeikräften bewacht und mit Fallen versehen. Dennoch wurden damals viele Grabstätten ausgeraubt. Glücklicherweise sind einige unversehrt geblieben, die den Archäologen später einen Einblick in die Welt des alten Ägypten vermitteln konnten.

KÖNIGREICH DER TOTEN
Das Tal der Könige befindet sich gegenüber der jenseits des Nil gelegenen modernen Stadt Luxor, direkt am Rande der Wüste. Hier wurden bisher 62 Grabstätten aus der Zeit des Neuen Reiches entdeckt.

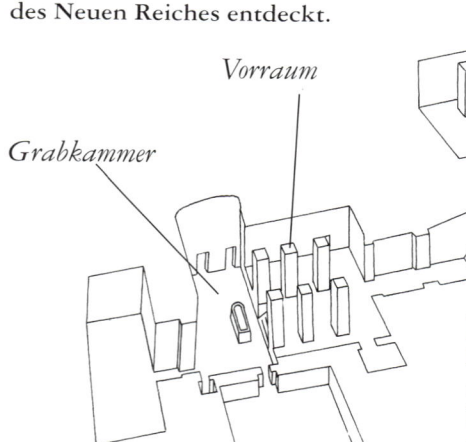

DAS GRAB VON SETHOS I.
Eines der schönsten Gräber im Tal der Könige gehörte dem Pharao Sethos I., der im Jahre 1279 v. Chr. starb. Der Vorraum und die Grabkammer, die beide großartig ausgestaltet sind, waren durch versteckte Schächte und Treppen vor Eindringlingen geschützt.

TUTANCHAMUNS TOTENMASKE
Diese schöne Porträtmaske lag über dem Gesicht von Tutanchamuns Mumie. Sie zeigt den Pharao in Gestalt des Sonnengottes Ra. Die Maske ist aus massivem Gold und Lapislazuli gearbeitet. Tutanchamuns Grab war der spektakulärste archäologische Fund im Tal der Könige. Seine im Innern liegenden Kammern waren über 3260 Jahre nicht geöffnet worden.

GRABRÄUBER
Als Howard Carter die Grabstätte des Tutanchamun betrat, entdeckte er, dass in antiker Zeit Grabräuber bis in die äußeren Kammern vorgedrungen waren. Die Talwächter hatten das Grab zwar wieder versiegelt, doch viele Gegenstände waren einfach zu Haufen und Stapeln aufgetürmt worden. Das Bild zeigt zwei Wagen, zwei Betten, eine Truhe, Schemel und Behältnisse für Nahrungsmittel.

UNERMESSLICHE SCHÄTZE
Dieses goldene Parfumgefäß wurde in Tutanchamuns Grabkammer gefunden. Die ovalen Flächen werden Kartuschen genannt. Sie zeigen Abbildungen des Pharaos als Kind.

ARBEITER AN EINER AUSGRABUNGSSTÄTTE
Durch die Ausgrabungen im 19. und 20. Jahrhundert kamen erstmals seit Tausenden von Jahren wieder ägyptische Arbeiter in das Tal der Könige. Sie gruben sich zu den Gräbern durch, schleppten Körbe voller Erde weg und hoben riesige Steine beiseite. Dieses Foto hat man während der Grabungsarbeiten des englischen Ägyptologen Howard Carter aufgenommen, bei denen das Grab Tutanchamuns freigelegt wurde.

Mumien und Särge

DIE FRÜHEN ÄGYPTER hatten entdeckt, dass die Toten, die man im Wüstenboden bestattet hatte, im Sand konserviert wurden. Ihre Körper trockneten aus und wurden mumifiziert. Mit der Zeit wurden die Ägypter Experten darin, Verstorbene einzubalsamieren und auf diese Weise vor der Verwesung zu schützen. Sie glaubten nämlich, dass die Toten ihre Körper im nächsten Leben wieder brauchen würden.

Die Methoden der Mumifizierung änderten sich mit den Jahren. Die Vorbereitungen zur Bestattung und die Einbalsamierung der Leiche dauerten in der Regel 70 Tage. Das Gehirn des Toten wurde mit Eisenhaken durch die Nase hindurch entfernt. Die anderen Organe wurden ebenfalls entnommen und in besondere Gefäße gelegt. Nur das Herz blieb im Körper, damit es im Jenseits geprüft und gewogen werden konnte. Danach behandelte man den Körper mit Salz und ließ ihn austrocknen. Der Körper wurde nun ausgestopft, mit Ölen und Salben eingerieben und mit Leinenstreifen umwickelt. Dann wurde die Mumie in den Innersten von mehreren ineinander gesetzten Särgen gelegt, die die Form eines menschlichen Körpers hatten.

EIN MUMIENSARG
Dieser schöne goldene Sarg enthält die Mumie einer Priesterin. Nachdem man den einbalsamierten Körper der Verstorbenen mit Bandagen umwickelt hatte, wurde er in einen reich verzierten Sarg gelegt. Dieser war innen und außen mit Zaubersprüchen bedeckt, die die Tote in der Unterwelt unterstützen sollten. Mitunter wurden mehrere Särge ineinander gesetzt. Der innere bestand aus Holz, das mit leuchtenden Farben bemalt oder, wie links zu sehen ist, vergoldet war; der äußere war ein Steinsarkophag.

KANOPEN
Die Körperorgane Verstorbener wurden in besonderen Gefäßen beigesetzt. Die Kanope mit dem Menschenkopf enthielt die Leber, das Paviangefäß die Lunge. Der Magen wurde in die schakalköpfige und die Eingeweide in die falkenköpfige Urne gelegt.

EINE KANOPE
Dafür brauchst du: Lufttrocknenden Ton, Nudelholz und Brett, Lineal, Modelliermesser, Sandpapier, Kreppband, Akrylfarben (Weiß, Blau, Grün, Gelb), Wassergefäß und Malpinsel.

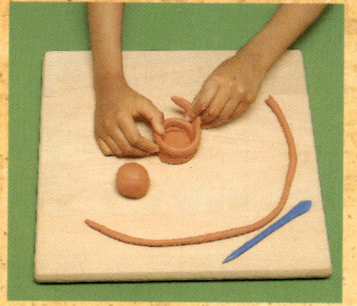

1 Rolle ¾ der Tonmasse aus und schneide einen Kreis von ca. 7 cm Durchmesser aus für die Grundfläche der Kanope. Rolle dünne Schlangen aus Ton. Lege diese in Spiralen übereinander und forme so die Wand des Gefäßes.

2 Drücke die Unebenheiten zwischen den Tonschlangen vorsichtig weg, bis die Wand des Gefäßes glatt und rund ist. Glätte zum Schluss den Gefäßrand mit dem Modelliermesser.

3 Fertige nun den Gefäßdeckel an. Miss die benötigte Größe ab und schneide aus dem Ton einen entsprechend großen Kreis aus. Forme diesen zu einer Kuppel. Knete einen Paviankopf, setze ihn auf den Deckel.

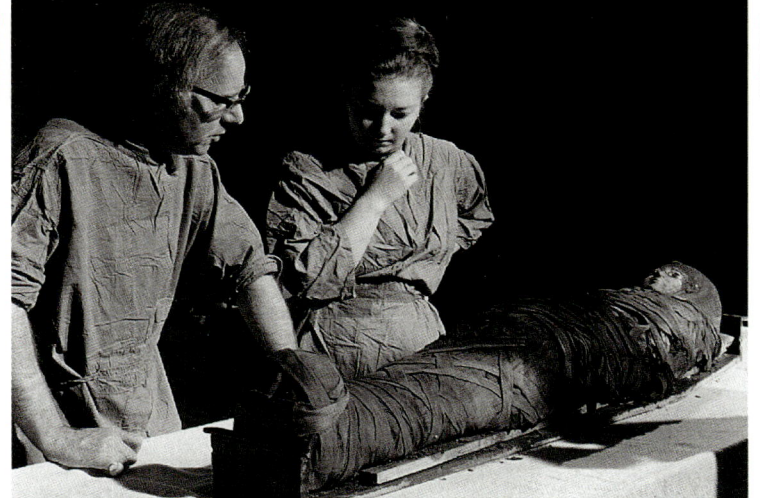

Unter den Bandagen

Eine Mumie auszuwickeln ist ein schwieriges Unternehmen. Heute benutzen die Archäologen moderne Verfahren zur optischen Abtastung oder Röntgenapparate, um Mumienkörper zerstörungsfrei zu untersuchen. Man kann so feststellen, welche Speisen ein mumifizierter Mensch vor seinem Tod zu sich genommen hat, welchen Beruf er hatte und an welchen Krankheiten er einst litt.

Ramses II.

Das ist das von den Bandagen befreite Haupt der Mumie Ramses' II. Die Augenhöhlen wurden mit weichem Füllmaterial ausgestopft, damit das Natron (Konservierungssalze) die Gesichtszüge des Toten nicht zerstören konnte.

Man glaubte einst, dass jeder Körperteil eines Menschen gegen ihn selbst verwendet werden konnte. Aus diesem Grund wurden die inneren Organe aus dem Körper des Verstorbenen entfernt. Zaubersprüche auf den Gefäßen beschützten die Organe.

Die Zeremonie der Mundöffnung

Das letzte Ritual vor der Bestattung wurde von einem Priester ausgeführt, der die Maske des Gottes Anubis trug. Der nach der menschlichen Gestalt geformte Sarg wurde aufrecht gehalten, und das Gesicht wurde mit zauberkräftigen Instrumenten berührt. Diese Zeremonie sollte die Mumie befähigen, im nächsten Leben zu sprechen, zu sehen und zu hören.

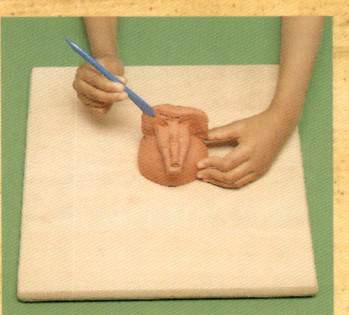

4 Hapi, der Pavian, bewachte einst die Lunge der Mumie. Forme mit dem Modelliermesser die Augen und die lange Nase des Pavians. Lass den Kanopendeckel an einem warmen Platz trocknen.

5 Sind Gefäß und Deckel völlig trocken, dann schleife sie mit Sandpapier ab, bis ihre Oberfläche glatt ist. Der Deckel muss gut auf dem Kanopenunterteil sitzen.

6 Jetzt wird die Kanope bemalt. Klebe das Paviangesicht und die Stellen, die gerade nicht bemalt werden, mit Kreppband ab. Auf diese Weise erhalten die Farbflächen gerade Kanten. Verwende die Farben wie im Bild gezeigt.

7 Male an der Vorderseite der Kanope von oben nach unten Hieroglyphen auf. Schau dir dazu vorher die Hieroglyphen auf Seite 46 an. Die Kanope ist nun fertig.

Bestattungszeremonien

WAR EIN PHARAO gestorben, dann wurde alles nur mögliche dafür getan, dass er auf seiner Reise zu den Göttern sicher ans Ziel gelangte. In der Zeit des Neuen Reiches brachte man den Sarg des Herrschers, der die Mumie enthielt, auf ein Boot und überführte ihn von Theben nach dem westlichen Ufer des Nils. Dort wurde der Sarg in einen Schrein gesetzt und auf einem mit Ochsen bespannten Schlitten zum Tal der Könige gezogen. Die Bestattungsprozession war stets ein großartiges Schauspiel. Priester versprengten Milchopfer und verbrannten Weihrauch. Die Frauen spielten weinend und mit Klagegesängen die Rolle offizieller Trauernder. Vor dem Grabmal wurden Tänze aufgeführt, und ein Priester las laut Zauber- und Segenssprüche. Nach der Zeremonie und einem Festmahl wurde der Sarg zusammen mit Nahrungsmitteln und Schätzen in das Grab gesetzt. Danach wurde die Begräbnisstätte versiegelt.

USHEBTI-FIGUREN
Ushebti waren kleine Statuen, die man einem Toten mit ins Grab stellte. Sie sollten dem Verstorbenen in seinem nächsten Leben als Sklaven oder Arbeiter zu Diensten sein. Ein Zauberspruch sollte sie zum Leben erwecken.

DAS LEBEN IM JENSEITS
Über der Mumie schwebt hier der *ba* oder die Seele des verstorbenen Menschen. Er erscheint in Gestalt eines Vogels. Seine Aufgabe ist es, dem toten Körper zu helfen, sich wieder mit seinem Geist oder seinem *ka* zu vereinigen, um im Jenseits leben zu können. Diese Darstellung stammt von einem Papyrus, den man Totenbuch nennt. Dieses Buch war für den Verstorbenen als Führer in das jenseitige Leben gedacht. Es enthielt Zaubersprüche, die eine sichere Reise durch die Unterwelt garantieren sollten. Aus ihm las der Priester während der Bestattung, ehe es zusammen mit der Mumie beigesetzt wurde.

EIN UDJAT-AUGE
Dafür brauchst du: Lufttrocknenden Ton, Modelliermesser, Sandpapier, Akrylfarbe (Rot, Blau, Schwarz, Weiß), Wassergefäß und Farbpinsel, eventuell Nudelholz und Brett.

1 Rolle zunächst den Ton aus. Ritze mit dem Modelliermesser die Teile des Auges in den Ton. Schau dir die Formen der Einzelteile aus dem Bild zum Arbeitsschritt 2 ab.

2 Entferne die überschüssigen Tonstücke. Ordne die Augenteile auf dem Brett zu einem Ganzen. Das Udjat-Auge soll das Auge des falkenköpfigen Gottes Horus darstellen.

3 Verbinde nun die einzelnen Teile zu der gewünschten Augenform und drücke dabei die Verbindungsstellen fest. Nimm eventuell das Modelliermesser zu Hilfe. Lass das Auge trocknen.

Die Begräbnisprozession

Der Sarg liegt in einem Schrein, der die Form eines Bootes hat und auf einem Schlitten gezogen wird. Die Priester singen und beten und beginnen den Schlitten zum Begräbnisplatz zu ziehen. Einen Friedhof wie das Tal der Könige nennt man Nekropolis, was „Stadt der Toten" bedeutet. Der Sarg wird hier durch einen tiefen Gang zum Grab und zur letzten Ruhestätte des Toten getragen. In der Grabkammer umgibt man ihn dann mit schönen Gegenständen und vielen Schätzen.

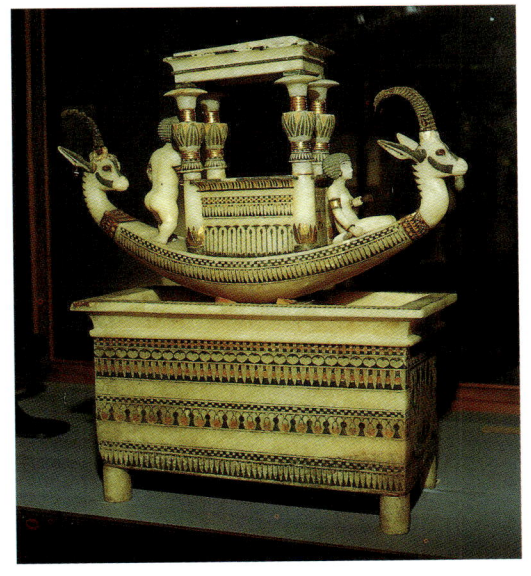

Eine Totenbarke

Dieses schöne Bootsmodell befand sich im Grab Tutanchamuns. Es besteht aus Alabaster und zeigt zwei weibliche Trauernde, die die Göttin Isis und deren Schwester Nephthys darstellen. Sie betrauern den ermordeten Gott Osiris. Zwischen den beiden Figuren steht ein leerer Modellsarkophag, in dem man einst vielleicht Öle aufbewahrte. Im Grab wurden außer diesem zahlreiche weitere Boote gefunden. Genau wie Ra, der Sonnengott, einst von einer Barke durch *dwat*, die Unterwelt, getragen worden war, so sollten auch sie den Pharao nach seinem Tode sicher ans Ziel bringen.

4 Glätte die Oberfläche mit feinkörnigem Sandpapier. Das Auge des Horus ist nun fertig zum Bemalen. Horus soll einst sein Auge in einem Kampf mit Seth, dem Gott des Chaos, verloren haben.

5 Male das Auge innen weiß aus, setze einen großen schwarzen Punkt als Pupille hinein und male die Braue schwarz an. Setze als Nächstes den roten Lidstrich ein. Bemale den Rest des Auges mit blauer Farbe und lass alles trocknen.

Nachdem Horus sein Auge verloren hatte, machte ihm die Göttin Hathor ein besseres. Udjat bedeutete so viel wie „besser machen". Zaubermittel wie dieses wurden den Mumien als Schutz für das Leben im Jenseits mitgegeben.

Priester, Tempel und Feiertage

ZU EHREN DER GÖTTER errichtete man im alten Ägypten große Tempel. Viele davon kann man noch heute sehen. Sie sind mit prächtigen hohen Säulen und gewaltigen Toren, großen Höfen und mit ganzen Straßen von Statuen geschmückt. Diese führten zu einem Schrein, in dem nach ägyptischem Glauben ein Gott wohnte.

Die Tempel waren – ganz anders als eine Kirche heute – kein Ort, an dem sich einfache Menschen zum Gottesdienst versammelten. Nur Priester durften einen solche Stätte betreten. Sie vollzogen Rituale im Auftrag des Pharao; sie opferten dabei Nahrungsmittel, verbrannten Weihrauch, musizierten und sangen. Es gab komplizierte Regeln, nach denen ein Priester seinen Kopf waschen und rasieren musste. Einige trugen besondere Kleidung wie beispielsweise Leopardenfelle. Adlige Frauen dienten bei manchen Zeremonien als Priesterinnen. Viele Priester verfügten lediglich über geringes religiöses Wissen und dienten nur für drei Monate im Tempel, ehe sie wieder zu ihrer normalen Arbeit zurückkehrten. Andere Priester beschäftigten sich ihr Leben lang mit den Sternen und mit Magie.

Es gab zahlreiche religiöse Feste und Feiertage, an denen der Schrein des Gottes in großartigen Prozessionen zu anderen Tempeln getragen wurde. Das waren Gelegenheiten, zu denen auch die einfachen Ägypter am Gottesdienst teilnahmen. Die Nahrungsmittel, die den Göttern geopfert worden waren, gab man den Menschen zurück, damit sie damit öffentliche Festessen ausrichten konnten.

HEILIGE RITUALE
Die Abbildung zeigt einen Priester, der mit einem Leopardenfell bekleidet ist, bei einem religiösen Ritual. Er trägt ein Gefäß mit Wasser aus dem heiligen See des Tempels. Dieses Wasser wurde während der Zeremonien über die Opfertische gegossen, damit die Geschenke, die man den Göttern darbrachte, auch rein waren. Auch Weihrauch verbrannte man, um die Atmosphäre des Tempels zu reinigen.

KARNAK
Dieses Gemälde von David Roberts zeigt den großen Tempel von Karnak so, wie er im Jahre 1850 aussah. Die Überreste des Bauwerks stehen noch am Stadtrand des heutigen Luxor. Der Hauptgott des Tempels war Amun-Ra. Zu der Anlage gehören auch Höfe und Bauten, die anderen Göttern und Göttinnen, darunter Mut, einer Geiergöttin und Gemahlin von Amun, sowie Khons, dem Mondgott und Sohn von Amun, geweiht waren. Der Große Tempel wurde vor über 2000 Jahren erweitert und umgebaut.

Der Tempel des Horus

Eine Statue des Horus, des Falkengottes, bewacht den Tempel bei Idfu. In der Zeit des Neuen Reiches stand auf diesem Gelände ein anderer Tempel. Die Tempelanlage, die heute an dieser Stelle zu sehen ist, stammt aus der Zeit der Griechenherrschaft. Sie war Horus und dessen Gemahlin, der Kuhgöttin Hathor, geweiht. Im Innern des Tempels zeigen Steinreliefs Horus im Kampf gegen die Feinde seines Vaters Osiris.

Anubis als Einbalsamierer

Hier trägt ein Priester beim Einbalsamieren eines Körpers die Maske des Anubis. Dieser schakalköpfige Gott soll den Körper des Gottes Osiris für die Bestattung vorbereitet haben. Sein Wirken und das seiner Priester war eng mit der Einbalsamierung Verstorbener und den Mumien verbunden.

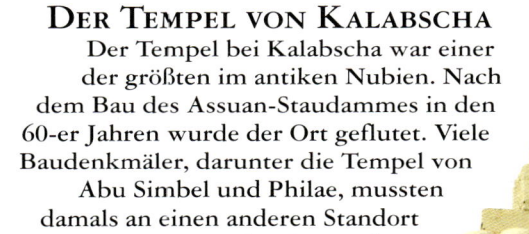

Der Tempel von Kalabscha

Der Tempel bei Kalabscha war einer der größten im antiken Nubien. Nach dem Bau des Assuan-Staudammes in den 60-er Jahren wurde der Ort geflutet. Viele Baudenkmäler, darunter die Tempel von Abu Simbel und Philae, mussten damals an einen anderen Standort gebracht werden. Der Tempel bei Kalabscha wurde in 13 000 Steinquader zerlegt, die nach Neu-Kalabscha transportiert und wieder zusammengesetzt wurden.

Das Tor zu Isis

Der Tempel von Philae (*oben*) wurde zu Ehren der Muttergöttin Isis errichtet. Isis wurde überall in Ägypten und auch in anderen Gegenden verehrt. Große festungsartige Eingangstore – Pylonen – schützen den Tempel von Philae. Die Wege zu zahlreichen ägyptischen Tempeln waren von Pylonen bewacht, die auch in besonderen Zeremonien eine Rolle spielten.

Arbeiter und Sklaven

DIE PHARAONEN glaubten vielleicht, dass ihre Verbindung zu den Göttern das Leben in Ägypten regelte und in Gang hielt, doch in der Tat war das der harten Arbeit der einfachen Menschen zu verdanken. Sie waren es, die den Boden bearbeiteten, in den Bergwerken und Steinbrüchen arbeiteten, die Boote auf dem Nil steuerten, mit dem Heer in Syrien oder Nubien einmarschierten, das Essen bereiteten und Kinder aufzogen.

Sklaverei gab es zwar in Ägypten, doch sie spielte nur eine untergeordnete Rolle. Die Sklaven waren in der Mehrzahl Gefangene, die die Ägypter während zahlreicher Kriege gegen ihre Nachbarn im Nahen Osten in ihre Gewalt gebracht hatten. Sklaven wurden von ihren Herren in der Regel gut behandelt; sie durften auch eigenen Besitz erwerben.

Viele ägyptische Arbeiter waren Leibeigene. Das hieß, dass sie nur eine beschränkte Freiheit genossen. Sie konnten gekauft und zusammen mit dem Land, auf dem sie arbeiteten, auch verkauft werden. Bauern mussten sich bei der Regierung des Landes registrieren lassen. Sie waren verpflichtet, ihre Feldfrüchte zu einem festgelegten Preis zu verkaufen und Steuern in Form von Naturalien zu zahlen. Während der Nilflut, wenn die Felder unter Wasser standen, wurden viele von ihnen als Arbeiter für den Bau öffentlicher Gebäude dienstverpflichtet. Diejenigen, die ihre Arbeit im Stich ließen, wurden hart bestraft.

PFLÜGEN MIT OCHSEN
Diese Figur wurde in einem Grab gefunden. sie stellt einen Bauern beim Pflügen mit einem Ochsengespann dar. Das Tagewerk der ägyptischen Bauern war hart. Ungelernte Landarbeiter besaßen keinen Boden; sie erhielten für ihre Tätigkeit nur einen geringen Lohn.

TRANSPORT EINER KOLOSSALSTATUE
Diese Arbeiter bewegen eine riesige steinerne Statue auf einem Schlitten, der an Seilen gezogen wird. Jedes Jahr im Sommer und im Herbst wurden Arbeiter aus der Landwirtschaft verpflichtet, beim Bau von Dämmen und Pyramiden zu helfen. Sie erhielten Unterkunft und Essen, doch keinen Lohn. Nur die Beamten waren von diesem Dienst befreit; wer jedoch reich genug war, konnte jemanden an seiner Stelle zum Bau schicken und ihn dafür bezahlen. Die ganz schweren Arbeiten in den Bergwerken oder Steinbrüchen mussten Sklaven verrichten.

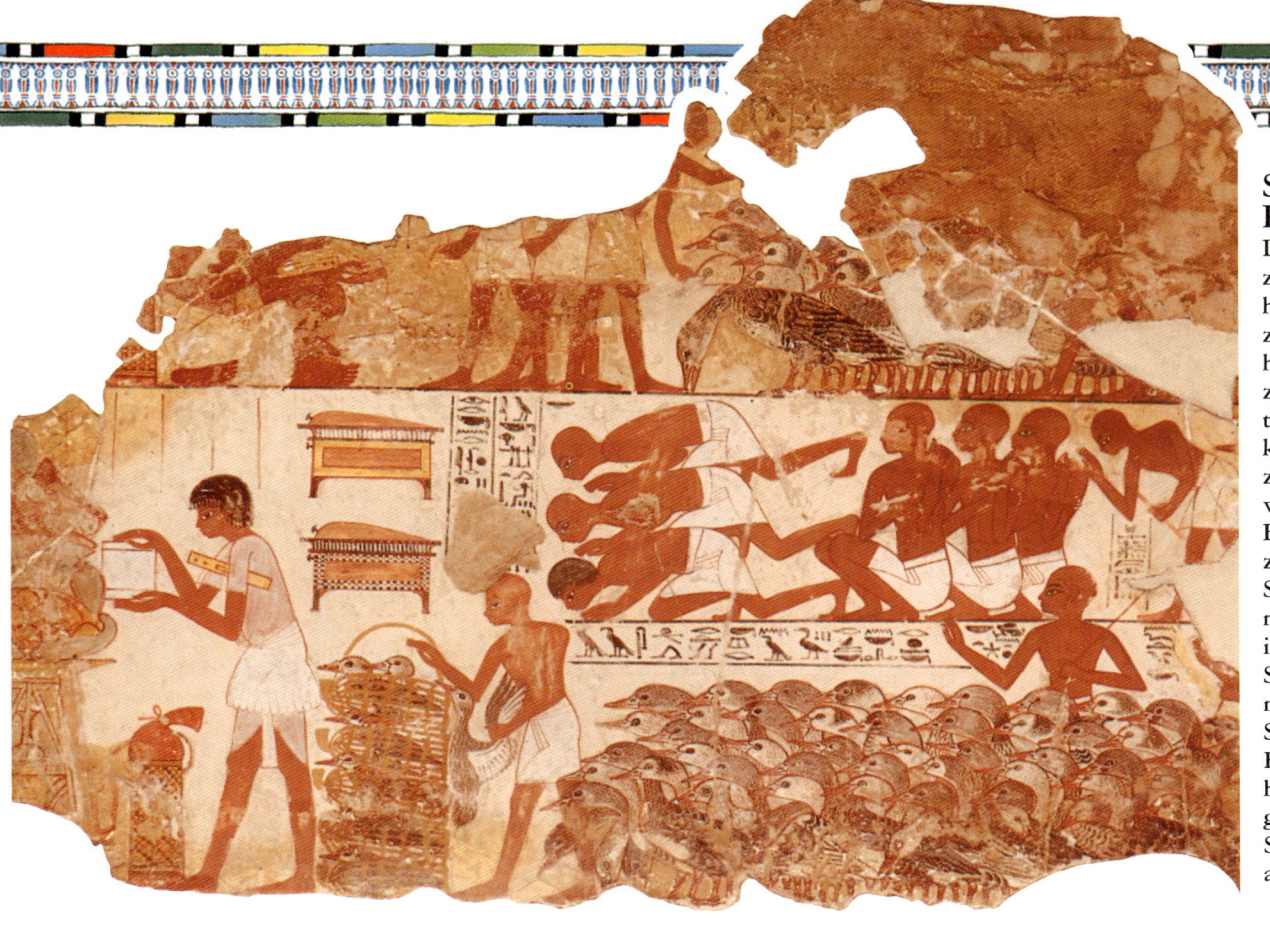

STEUERN FÜR DEN PHARAO

Dieses Wandgemälde zeigt, wie die Gänseherde eines Bauern gezählt wird. Die Bauernhöfe wurden jedes zweite Jahr von Beamten inspiziert. Sie kamen, um die Tiere zu zählen und festzulegen, wie viel Steuern der Bauer an den Pharao zu zahlen hatte. Die Steuern zahlte man nicht in Geld, sondern in Naturalien. Der Schreiber links im Bild notiert die Angaben. Schreiber gehörten zur Klasse der Beamten und hatten daher eine höhere gesellschaftliche Stellung inne als andere Arbeiter.

BROTTRÄGERIN

Hier trägt eine Frau ein Tablett mit Brotlaiben auf dem Kopf. In großen Haushalten und Palästen war die Speisenzubereitung zum größten Teil Aufgabe der männlichen Sklaven. Das Brotbacken jedoch oblag den Frauen. Die Arbeit als Bäcker war eine der wenigen öffentlichen Tätigkeiten, der die Frauen nachgehen durften.

KORN MAHLEN

Die Figur aus dem Jahre 2325 v. Chr. zeigt eine Sklavin, die Weizen oder Gerste zu Mehl mahlt. Sie benutzt dazu einen Mahlstein, den man auch Handmühle nennt.

DIE BESTRAFUNG

Diese Grabmalerei zeigt einen Beamten, der die Feldarbeit beaufsichtigt. Auf den Feldern des Pharaos oder reicher Grundbesitzer wurden Landarbeiter eingesetzt. Bauern, die nicht in der Lage oder gewillt waren, einen großen Anteil ihrer Ernte als Pacht oder Steuern an den Pharao abzuführen, wurden hart bestraft. Sie erhielten Schläge, und ihre Arbeitsgeräte oder Häuser konnten beschlagnahmt werden. Gerichte, Richter und örtliche Friedensrichter verhängten auch Strafen über bestechliche Steuereinnehmer.

Die Landwirtschaft

DIE ALTEN ÄGYPTER nannten die Ufer des Nil wegen des Schlammes, den der Strom bei der jährlichen Überschwemmung von Zentralafrika heranbrachte, das Schwarze Land. Der Nil trat im Juni über seine Ufer und ließ fetten, fruchtbaren Schlamm in seinem Tal zurück. Das Land stand bis zum Herbst unter Wasser.

Im November war der Boden dann zum Pflügen und zur Aussaat bereit. Das Saatgut wurde in breiten Würfen ausgestreut und von den Hufen der Schafe und Ziegen in die Erde getreten. Während trockeneren Perioden des Jahres gruben die Bauern Gräben und Kanäle, um ihre Felder bewässern zu können. Im Neuen Reich verwendete man ein als *shaduf* bezeichnetes System, mit dessen Hilfe die Bauern Wasser aus dem Fluss über Kanäle auf die Felder leiteten. Die Bewässerungssysteme sicherten die lebenswichtigen Erträge der Landwirtschaft. Die Jahre, in denen der Nil nur wenig Wasser und fruchtbaren Schlamm brachte, oder in denen das Land von Dürren heimgesucht wurde, konnten sich verheerend auf das Land auswirken. Fiel die erwartete Ernte aus, dann hungerten die Menschen.

Neben der Feldarbeit hielten die Bauern auch Tiere – Enten, Gänse, Schweine, Schafe und Ziegen. Kühe weideten am Rande der Wüste oder in den fruchtbaren Landstrichen des Deltas. Ochsen wurden als Zugtiere vor den Pflug gespannt; als Lasttiere hielt man vielerorts Esel.

ERNTEFEST
Eine Priesterin opfert in der Grabstätte des königlichen Schreibers Nacht Feld- und Gartenfrüchte. Auf dem Bild sind Früchte zu sehen, die man anbaute: Feigen, Weintrauben und Granatäpfel.

LANDWIRTSCHAFTLICHE GERÄTE
Diese Hacken verwendete man, um Boden, der für einen Pflug zu schwer war, aufzubrechen oder um Erde auszuheben. Die scharfe Sichel benutzten die Bauern zum Schneiden des reifen Getreides.

Sichel *Hacken*

FELDARBEIT
Das Getreide wurde für gewöhnlich im März oder April geerntet, ehe die große Hitze begann. Man schnitt die Weizen- oder Gerstenähren mit einer Sichel aus Holz und scharfkantigem Feuerstein ab. In manchen gut bewässerten Gebieten gab es im Sommer sogar eine zweite Ernte.

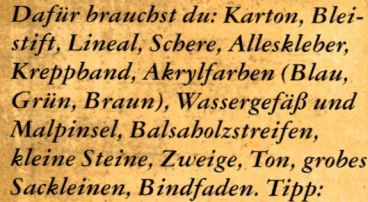

EIN SHADUF
Dafür brauchst du: Karton, Bleistift, Lineal, Schere, Alleskleber, Kreppband, Akrylfarben (Blau, Grün, Braun), Wassergefäß und Malpinsel, Balsaholzstreifen, kleine Steine, Zweige, Ton, grobes Sackleinen, Bindfaden. Tipp: Mische für das Gras grüne Farbe mit getrockneten Kräutern.

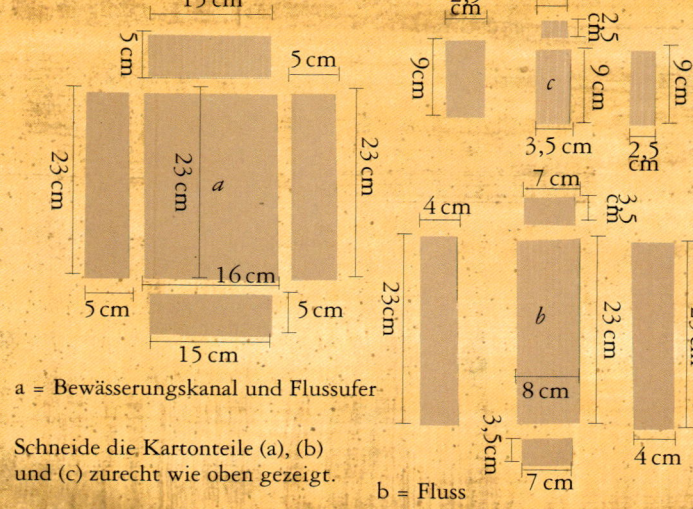

Schneide die Kartonteile (a), (b) und (c) zurecht wie oben gezeigt.

a = Bewässerungskanal und Flussufer
b = Fluss
c = Wasserbehälter

1 Klebe die Kanten der Teile (a), (b) und (c) zusammen. Klebe zur Stabilisierung Kreppband über die Kanten, solange der Leim trocknet. Streiche den Fluss (b) und das Wasser im Wasserbehälter (c) blau an und lass alles trocknen.

36

Rinderzucht in Ägypten

Dieses Wandgemälde aus dem Neuen Reich zeigt, wie Rinder vor einem Regierungsbeamten zusammengetrieben werden. Im Niltal züchtete man bereits vor der Zeit der Pharaonen Rinder. Sie lieferten Milch, Fleisch und Leder, zogen die hölzernen Pflüge und wurden den Göttern im Tempel geopfert.

Bewässerungsvorrichtung

An einem Ende des hölzernen Hebelarms hängt ein Eimer, am anderen ein schweres Gewicht. Dieses Gewicht wird nach oben gedrückt, so dass der Eimer in den Fluss eintaucht. Wird das Gewicht wieder nach unten gezogen, hebt es den vollen Eimer aus dem Wasser.

Früchte des Niltals

Im Niltal wurden hauptsächlich Gerste und Weizen angebaut, die man zum Bierbrauen und Brotbacken verwendete. Neben Bohnen und Linsen züchteten die Bauern Lauch, Zwiebeln, Kohl, Rettiche, Salat und Gurken. In den Wüstenoasen gediehen saftige Melonen, Datteln und Feigen, und in Weingärten wuchsen Trauben.

Lauch   *Zwiebeln*

Das mechanische Hebesystem, das man shaduf nannte, wurde im Nahen Osten erfunden. Es gelangte vor etwa 3500 Jahren nach Ägypten.

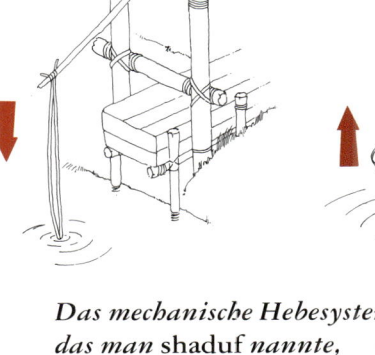

2 Streiche das Ufer oben mit der Mischung aus grüner Farbe und Kräutern und an den Seiten mit brauner Farbe, den Kanal mit blauer Farbe an. Fertige als Nächstes aus den Balsaholzstreifen den Rahmen des *shaduf* an.

3 Klebe die Streifen zusammen. Stabilisiere die Klebestellen mit Kreppband und lege den Rahmen auf ein Stück Karton. Streiche den Rahmen braun an. Klebe die Steine auf die Seitenwände des Wasserbehälters.

4 Nimm einen Zweig als Hebelarm. Fertige ein Gewicht aus Ton an und umwickle es mit Sackleinen. Binde es an einem Ende des Hebelarms fest. Forme einen Eimer aus Ton und versieh ihn am Rand mit zwei Löchern.

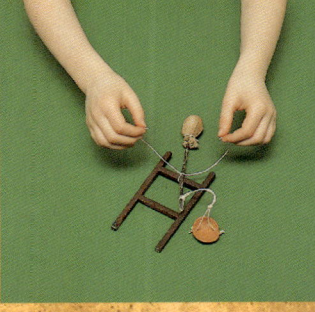

5 Zieh den Faden durch die Löcher im Eimer und befestige ihn am Hebelarm. Binde den Hebelarm mit dem Gewicht und dem Eimer an den Rahmen. Klebe den Rahmen zum Schluss auf das Ufer.

Essen und Trinken

DIE MENSCHEN IN ÄGYPTEN wurden für ihre Arbeit oft mit Lebensmitteln bezahlt. Sie ernährten sich von Brot, Zwiebeln und gesalzenem Fisch und tranken dazu süßes, körniges Bier. Das Mehl war oftmals sandig; deshalb zeigen die Zähne vieler Mumien, die man untersucht hat, schwere Abnutzungserscheinungen. Der Teig für Backwaren wurde mit den Füßen oder von Hand geknetet, die Pastetenbäcker stellten daraus alle Arten von Kuchen und Broten her.

Ein Festgelage beim Pharao war eine großartige Veranstaltung, zu der die Gäste in ihren schönsten Kleidern kamen. Auf der königlichen Tafel fand man dann gebratene Gänse oder geschmortes Rindfleisch, Nieren, Wildenten oder zartes Gazellenfleisch. Lammfleisch gehörte aus religiösen Gründen nicht zu den Nahrungsmitteln im alten Ägypten; auch bestimmte Fischsorten waren in manchen Gebieten verboten. Gemüse wie etwa Linsen wurden mit Milch und Käse gedünstet. Die ägyptischen Köche verstanden sich ausgezeichnet auf das Schmoren, Braten und Backen.

Bei einem Festgelage ließ man rote und weiße Weine servieren. Sie wurden in Tonkrügen aufbewahrt, auf denen der Jahrgang und ihre Herkunft vermerkt waren – genau wie auf den Etiketten unserer Weinflaschen heute.

SCHÖNE SCHÜSSELN
Teller und Schüsseln bestanden oft aus Fayence, einer nicht sehr festen Masse, die dünn glasiert war. Das schöne Geschirr war meist blaugrün oder türkis gefärbt.

EINE AUGENWEIDE FÜR DEN KÖNIG
Hier tauschen adlige Damen aus dem Neuen Reich bei einer Abendgesellschaft die letzten Neuigkeiten aus. Sie stellten ihren schönsten Schmuck und ihre besten Kleider zur Schau. Die Ägypter liebten Essen und Trinken in angenehmer Gesellschaft. Sie ließen sich dabei von Musikanten, Tänzern und Akrobaten unterhalten.

ÄGYPTISCHES GEBÄCK

Dafür brauchst du: 200 g gemahlenes Mehl, $1/2$ TL Salz, 1 TL Backpulver, 75 g Butter, 60 g Honig, 3 EL Milch, Kümmel; Schüssel, Holzlöffel, bemehltes Brett, Backblech.

1 Vermische zuerst Mehl, Salz und Backpulver in der Schüssel. Schneide dann die Butter in Stücke und gib sie zu der Mischung.

2 Knete die Butter mit vier Fingern unter die Mischung wie im Bild gezeigt. Die Mischung soll am Ende wie feine Brotkrumen aussehen.

3 Gib nun 40 g von dem Honig zu. Vermenge ihn mit der Mehlmischung. Die alten Ägypter verwendeten Honig zum Süßen des Gebäcks, denn sie kannten keinen Zucker.

FRAU BEIM BIERBRAUEN

Diese weibliche Grabfigur aus Holz stammt aus dem Jahr 2400 v. Chr. Zur Herstellung von Bier wurde Gerstenbrot mit Wasser angesetzt und zerdrückt. Wenn die Mischung fermentierte und dabei Alkohol bildete, wurde die Flüssigkeit in einen hölzernen Bottich abgegossen. Es gab verschiedene Biersorten, doch sie waren alle gleichermaßen populär. Man erzählte sich, der Gott Osiris habe das Bier nach Ägypten gebracht.

EIN TRINKGEFÄSS

Aus diesem schönen Fayence-Becher hat man einst Wein, Wasser oder Bier getrunken. Das Gefäß ist mit einem Lotusblütenmuster verziert.

SÜSSE FRÜCHTE AUS DER WÜSTE

Zum Schluss eines Mahles wurden in Ägypten süße Mandeln oder Obst gereicht – saftige Feigen, Datteln, Weintrauben, Granatäpfel oder Melonen. Zucker war damals noch unbekannt, deshalb verwendete man zum Süßen von Kuchen und feinem Gebäck Honig.

Granatäpfel *Datteln*

IN DER BÄCKEREI

In manchen Gräbern wurden ganze Gruppen von Figuren gefunden, die Köche oder Bäcker darstellten. Sie sollten dem verstorbenen Pharao auf dessen Befehl hin ein prächtiges Festmahl bereiten, mit dem der Herrscher seine Gäste im Jenseits bewirten konnte. Der größte Teil unseres Wissens über ägyptische Essgewohnheiten und Speisenzubereitung stammt von den Nahrungsmitteln, den Speise- und Trankopfern, die man den Toten ins Grab gab.

Die Ägypter formten ihre Gebäckstücke oft zu Spiralen. Andere beliebte Formen waren Ringe oder Pyramiden. Manche Kuchen hatten sogar die Form eines Krokodils!

4 Füge die Milch hinzu und rühre die Masse zu einem Teig. Forme aus dem Teig eine Kugel und lege diese auf ein bemehltes Brett. Teile die Kugel in drei Stücke.

5 Rolle den Teig zu langen Schlangen wie oben gezeigt. Rolle eine Teigschlange zu einer Spirale zusammen. Eine Schlange ergibt ein Gebäckstück. Stelle auf die gleiche Weise die beiden restlichen Kuchen her.

6 Bestreue nun jede Teigspirale mit Kümmel und lege sie auf ein gefettetes Backblech. Überziehe die Teigstücke zum Schluß sorgfältig mit etwas Honig.

7 Bitte einen Erwachsenen, die Kuchen im Herd 20 Minuten lang bei 180 °C zu backen. Sind die Gebäckstücke fertig, nimm sie aus dem Herd und lass sie auf einem Kuchengitter auskühlen.

Die Kleidung der Ägypter

DAS AM HÄUFIGSTEN VERWENDETE GEWEBE in Ägypten war Leinen. Es war meist von reinweißer Farbe. Mitunter färbte man den Stoff mit Eisen rot, mit Indigo blau oder mit Safran gelb, doch bunte und gemusterte Kleidung trugen in der Regel nur Ausländer. Die Ägypter dagegen verzierten ihre Kleider mit Perlen und schönen Federn. Wolle wurde im alten Ägypten nicht zu Stoffen gewebt. Seide und Baumwolle kamen erst nach 1000 v. Chr. mit den fremden Herrschern ins Land.

Zur Grundgarderobe der ägyptischen Männer gehörte ein einfacher rockähnlicher Schurz, ein Lendenschurz oder eine Tunika. Die Frauen trugen ein langes, eng anliegendes Gewand aus feinem Stoff.

Die Mode änderte sich mit der Zeit, es gab Gürtel, Bänder und Borten und man legte den Stoff plissiert oder in Falten.

Obwohl die Mode im Neuen Reich kunstvoller wurde, blieb die Kleidung verhältnismäßig einfach. Man trug dazu raffiniert gestaltete Perücken, Schmuck und schminkte die Augen mit einem ausdrucksvollen Make-up.

GLÜCK BRINGENDER ARMREIF
Auf dem Armreif ist ein *udjat*-Auge abgebildet. Dieser Talisman schützte angeblich den Träger des Armreifs. Auf vielen Schmuckgegenständen waren solche zauberkräftigen Dinge sowohl wegen ihrer dekorativen Wirkung als auch aus Gründen des Aberglaubens dargestellt. Manche Halsketten und Ohrringe trugen magische Zeichen, die vor Schlangenbissen und anderem Ungemach schützen sollten.

GOLDENE SANDALEN
Diese goldenen Sandalen wurden im Grab von Scheschonk II. gefunden. Die Sandalen der reichen Ägypter waren gewöhnlich aus feinem Leder gemacht, während die Armen Sandalen aus Papyrus oder geflochtenem Gras trugen.

GEWEBTE STOFFE

Leinen wurde aus den Fasern des Flachs hergestellt. Die Stängel der Pflanzen wurden dazu eingeweicht, geschlagen und die gewonnenen Fasern von Hand zu Fäden gesponnen. Die Flachsspinner hielten den Faden dabei im Munde feucht. Aus den Flachsfäden konnten dann Stoffe gewebt werden. Die ersten ägyptischen Webstühle waren flach; erst während der Herrschaft der Hyksos kamen aufrecht stehende Webstühle ins Land.

Leinen

KÖNIGLICHE KLEIDER

Dieses Paneel von einem goldenen Thronsessel zeigt Tutanchamun und seine Gemahlin Anchesenamun im Palast. Es besteht aus Glas, Silber, Edelsteinen und Fayence. Die Königin trägt ein langes plissiertes Gewand, während der Pharao in einen langen plissierten Schurz gehüllt ist. Die Kleidungsstücke wurden nicht genäht, sondern um den Körper ihrer Träger drapiert. Das Plissieren der Stoffe war seit der Zeit des Mittleren Reiches sehr beliebt. Tutanchamun und seine Gemahlin tragen Sandalen, Armreifen, breite Schmuckkragen und einen schönen Kopfschmuck oder Kronen. Die Königin gibt ihrem Gemahl Parfum oder Salbe aus einem Gefäß.

FRÜHE MODE

Dieses Hemd fand man im Grab des Tarchan. Es wurde vor rund 5000 Jahren, während der Zeit des Pharao Djet, hergestellt. Der Leinenstoff ist an den Schultern plissiert.

SCHMUCKKRAGEN

Aus Glasperlen, Blüten, Beeren und Blättern wurden einst breite Schmuckkragen in leuchtenden Farben angefertigt. Man trug sie zu Festgelagen und anderen besonderen Gelegenheiten. Unter den Kragen, die in Tutanchamuns Grab gefunden wurden, waren auch solche aus Olivenblättern und Kornblumen. Die Untersuchungen von Pflanzen aus den Grabstätten geben den Archäologen heute wichtige Aufschlüsse über Gartenbau, Landwirtschaft, Klima und die Verbreitung von Insekten im alten Ägypten.

Schönheitspflege im Alten Ägypten

Im alten Ägypten schminkten sich sowohl Männer als auch Frauen. Sie benutzten grünen Lidschatten, der aus einem grünen Mineral mit dem Namen Malachit hergestellt wurde, sowie schwarzen Eyeliner aus Bleiglanz. Lippenstifte und Rouge waren aus rotem Ocker gemacht. Die frühen Ägypter liebten auch Tätowierungen.

Die Mehrzahl der ägyptischen Männer hatten glatt rasierte Gesichter. Priester schoren sich auch den Kopf kahl. Das kurze Haar des Pharao blieb in der Öffentlichkeit stets bedeckt. Männer und Frauen trugen Perücken – auch dann, wenn sie selbst prächtiges Haar hatten. Ergrautes Haar färbte man, und gegen Kahlköpfigkeit gab es verschiedene Mittel. Eines davon war ein Haarwasser, das aus Eselshuf, Hundepfote, Dattelsteinen und Öl hergestellt wurde!

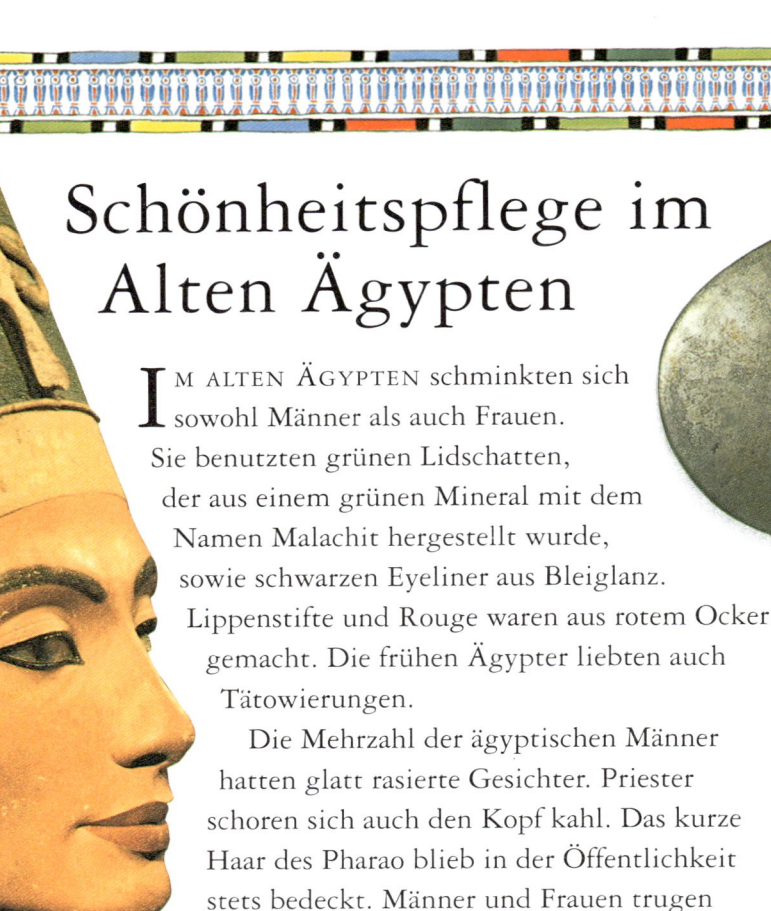

ZEITLOSE SCHÖNHEIT
Diese Kalksteinbüste stellt Königin Nofretete, die Gemahlin des Pharao Echnaton, der den Sonnenkult in Ägypten einführte. Sie scheint das ägyptische Schönheitsideal zu verkörpern. Hier trägt sie einen Kopfschmuck und einen Schmuckkragen. Die Bemalung des Kalksteins zeigt, dass die Königin auch geschminkt war.

SPIEGEL
Spiegel wurden aus poliertem Kupfer oder aus Bronze hergestellt. Ihre Griffe bestanden aus Holz oder Elfenbein. Dieser Bronzespiegel stammt aus dem Jahre 1900 v. Chr. Die Begüterten unter den Ägyptern besaßen Spiegel, die sie zum Frisieren, Schminken oder zum Bewundern ihres guten Aussehens brauchten. Die Armen mussten sich mit ihrem Spiegelbild im Wasser begnügen.

EIN SPIEGEL FÜR DICH
Dafür brauchst du: Karton mit spiegelnder Oberfläche, Bleistift, Schere, lufttrocknenden Ton, Nudelholz und Brett, ein kleines Stück Sandpapier oder Karton, goldene Farbe, Alleskleber und Leimpinsel, Wassergefäß und Malpinsel.

1 Zeichne zuerst den Spiegelumriss auf die weiße Kartonseite wie oben gezeigt. Schneide die Form sorgfältig aus. Lege die Kartonstücke beiseite.

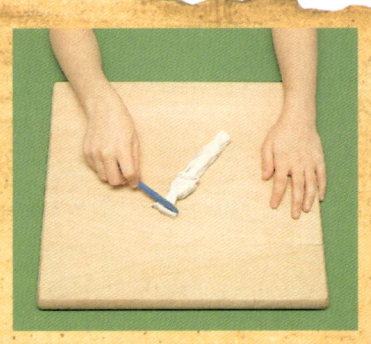

2 Nimm den Ton und rolle ihn zu einer Wurst. Forme daraus einen Spiegelgriff wie oben gezeigt. Verziere den Griff mit einer Lotos- oder Papyrusblüte oder mit einem anderen Muster.

3 Nimm nun das Karton- oder Sandpapierstück und ritze an der oberen Griffseite einen Schlitz ein wie oben gezeigt. An dieser Stelle wird nachher das Spiegelteil auf den Griff gesteckt.

ADLIGE MIT PERÜCKEN

Auf zahlreichen Bildern werden Adlige bei einem Festgelage gezeigt. Sie tragen auf dem Kopf Kegel aus parfümiertem Fett. Wahrscheinlich breitete sich der Duft aus, sobald das Fett in der Wärme schmolz. Einige Fachleute jedoch glauben, dass die Kegel von den Künstlern ins Bild eingefügt wurden, um so zu zeigen, dass die dargestellten Personen duftende Perücken trugen. Falsche Haarteile und Perücken waren in Ägypten sehr beliebt. Das eigene Haar wurde meist kurz geschnitten. Manche Ägypter ließen ihr Haar jedoch lang wachsen und frisierten es dann kunstvoll.

SCHÖNHEITSMITTEL

In den frühen Jahren des ägyptischen Reiches stellte man Augenschwärze aus giftigem Bleiglanz her. Später verwendete man dazu Ruß. Nägel und Fußsohlen wurden mit Henna rot gefärbt. Bekannte Schönheitsmittel waren Bimsstein, mit dem raue Hautpartien geglättet wurden, und Gesichtspackungen aus Asche.

Gesichtspackung   *Bimsstein*   *Augenschwarz*   *Henna*

EINE SCHALE FÜR KOSMETIKA

Schönheitsmittel, Öle und Lotionen wurden angefertigt und in Krügen und Schalen aus Stein, Ton oder Glas sowie in hohlen Schilfstängeln oder Röhren aufbewahrt. Mineralien und andere Rohstoffe wurden zu Pulver zermahlen und dann in Kosmetikschalen mit Wasser zu einem Brei vermischt. Das Make-up wurde mit den Fingern oder mit einem Holzspatel aufgetragen. Für das Augen-Make-up verwendete man meist grüne und schwarze Farbe. Grün wurde in der frühen Zeit des Reiches verwendet, später wurde das charakteristische Schwarz beliebter.

Die Form der Spiegel und ihre schimmernde Oberfläche erinnerten die Ägypter an die Sonnenscheibe. Deshalb wurden Spiegel zu religiösen Symbolen. Im Neuen Reich waren viele mit einem Bildnis der Göttin Hathor oder mit stilisierten Lotusblüten geschmückt.

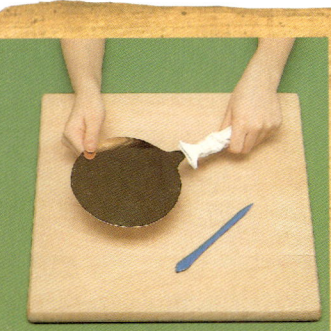

4 Lass den Spiegelgriff auf einem Kuchengitter an einem warmen Platz trocknen. Wende ihn nach zwei Stunden. Ist er völlig trocken, dann probiere, ob das Spiegelteil auf den Griff passt.

5 Jetzt wird der Spiegelgriff bemalt. Bemale zunächst eine Seite sorgfältig mit Goldfarbe und lass sie trocknen. Drehe dann den Griff um und bemale die andere Seite.

6 Setze den Spiegel zum Schluss zusammen. Bestreiche das Spiegelstück, das auf den Griff gesteckt wird, mit Klebstoff und stecke es in den Schlitz an der Griffoberseite. Lass das Ganze trocknen.

Papyrus und Schreiber

Unser Wort „Papier" ist von Papyrus, dem Schilf, das an den Ufern des Nils wächst, abgeleitet. Um ein Material herzustellen, auf das man schreiben konnte, schälten die Ägypter die äußeren Schichten der Schilfstängel ab. Dann wurde das Pflanzenmark in dünne Streifen geschnitten, in Wasser eingeweicht und kreuzweise in mehreren Schichten übereinander gelegt. Diese wurden mit Hämmern bearbeitet, bis sie zu einer Schicht zusammengedrückt waren. Deren Oberfläche strich man dann mit einem Holz glatt. Weitere Beschreibstoffe waren damals Tonscherben, Leder und Gipsplatten.

Man nimmt heute an, dass von 1000 Ägyptern ungefähr nur vier lesen oder schreiben konnten. Damals gab es den Beruf des Schreibers. Ein Schreiber fertigte amtliche Urkunden aus, verfasste Briefe und schrieb Gedichte und Geschichten auf. Das Schreiben erlernte man durch eine sorgfältige und strenge Ausbildung. Amenemope, ein Lehrer, schrieb seinen Studenten: „Verbringe keinen Tag in Müßiggang, sonst wird man dich schlagen." Die Schreiber wurden jedoch von den meisten Arbeitern um ihr leichtes Leben beneidet, wurden sie doch für ihre Dienste gut belohnt.

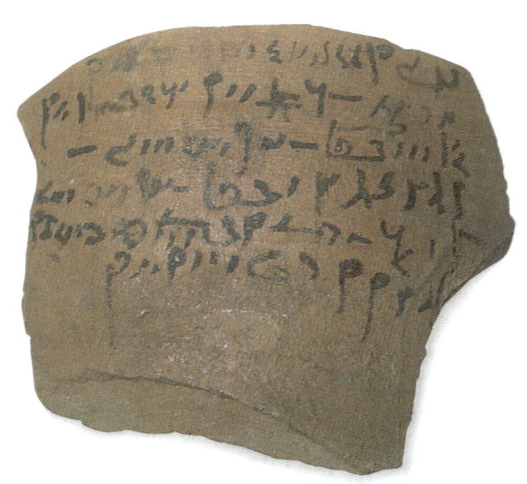

PAPYRUSGLÄTTER
Dieses schön gestaltete Werkzeug wurde im Grab von Tutanchamun gefunden. Es ist aus Elfenbein geschnitten und mit Goldfolie verziert. Papyrusglätter wurden benutzt, um die Oberfläche frisch hergestellter Papyrusschichten zu glätten.

SCHREIBÜBUNGEN
Das Schreiben wurde in den Schulen häufig auf Stein- oder Tonstücken geübt. Diese Scherben nennt man Ostraka. Die Schüler kopierten Texte auf ein Ostrakon und ließen ihre Übungen von einem Schreiblehrer korrigieren. In Ägypten wurden viele Beispiele solcher korrigierter Schreibübungen gefunden.

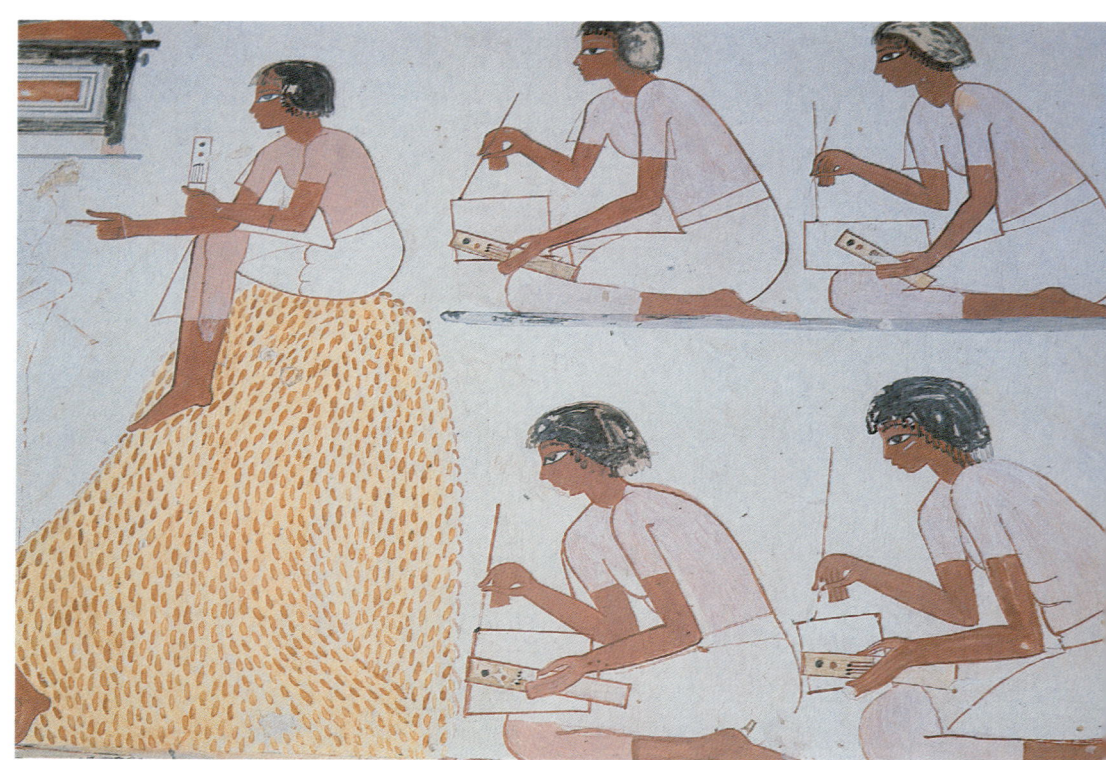

SCHREIBER BEIM REGISTRIEREN DER ERNTE
Hier registrieren Schreiber die Ernte eines Bauern. Der Bauer hatte einen Teil davon als Steuern an den Pharao abzuliefern. Viele Schreiber arbeiteten am Hofe und schrieben dort Verzeichnisse, Steuerangaben, Befehle und Gesetze nieder. Sie hatten den Rang eines Beamten.

EIN ÄGYPTISCHER FEDERKASTEN

Dieser Federkasten eines Schreibers stammt aus der Zeit um 3000 v. Chr. Er enthält Rohrfedern und ein Tintengefäß. Tinte stellte man damals aus Holzkohle oder Ruß und Wasser her. Die Schreiber hatten ein kleinen Mahlstein, mit dem sie die Farbpigmente zerkleinerten, ehe sie sie mit Wasser vermischten. Oftmals war der Name des Schreibers und seines Dienstherrn oder des Pharao in den Kasten eingeschnitten.

SCHREIBGERÄTE

Im alten Ägypten stellte man Pinsel und Schreibgeräte aus Schilf her. Auf einer besonderen Palette mischten die Schreiber Trockensubstanz für die Tinte mit Wasser, um so eine Schreibflüssigkeit zu erhalten. Schwarze Tinte wurde aus Holzkohle, rote Tinte aus Ocker, einer Eisenverbindung, gemacht. Beide waren mit Gummiharz vermischt.

Holzkohle

Rohrfeder

TRAGBARE TINTENPALETTEN

Schreiber mussten häufig „Dienstreisen" unternehmen, um irgendwo wichtige amtliche Dokumente abzufassen. Die meisten Schreiber besaßen deshalb Tintenpaletten wie diese hier, die sie stets bei sich tragen konnten. Sie benutzten auch eine Art Aktenmappen, in denen sie ihre Niederschriften aufbewahrten, um sie vor Beschädigungen zu schützen.

DAS SYMBOL DER SCHREIBER

Die Hieroglyphe für den Schreiber zeigt ein Wassergefäß, einen Pinselhalter und eine Palette mit trockenen Tintenstücken. Das ägyptische Wort für Schreiber oder Beamte war *sesh*.

BERÜHMTE SCHREIBER

Auf diesem Foto ist der berühmte ägyptische Schreiber Akrupi mit einer Papyrusrolle und einem Federkasten zu sehen. Er lebte in der Zeit des Alten Reiches. Schreiber besaßen im alten Ägypten oftmals großen Einfluss. Viele Statuen von ihnen sind bis heute erhalten. Die hohe gesellschaftliche Stellung der Schreiber wird in dem Text *Satire auf das Handwerk* bestätigt: „Sieh da! Kein Schreiber leidet Mangel an Nahrung und Reichtümern vom Palast."

Ägyptische Schriften

UNSER REICHES WISSEN über die alten Ägypter verdanken wir ihrer Schriftsprache und den schriftlichen Zeugnissen, die sie hinterließen. Inschriften, die uns detailliertes Wissen über das Leben im Ägypten vergangener Zeiten vermitteln, sind – angefangen von Obelisken bis hin zu Grabstätten – an ganz verschiedenen Stellen zu finden. Seit etwa 3100 v. Chr. benutzten die Ägypter eine Schrift, die aus Bildzeichen, den Hierogyphen, bestand. Es gab ursprünglich etwa 1000 solcher Symbole. Diese Bilderschrift wurde jahrtausendelang benutzt, doch seit 1780 v. Chr. gab es auch eine hieratische Schrift, bei der die Hieroglyphen in einer vereinfachten Form geschrieben wurden. In der späteren Zeit des alten Ägypten wurde neben den Hieroglyphen eine weitere, nämlich die demotische Schrift, benutzt.

Später, in der Zeit um 600 n. Chr., lange nach der Herrschaft des letzten Pharao, konnte niemand mehr die Hieroglyphen deuten. Die Geheimnisse des alten Ägypten galten 1200 Jahre lang als verloren – bis man den Stein von Rosette fand.

DER STEIN VON ROSETTE

Die Entdeckung des Steines von Rosette ist einem glücklichen Zufall zu verdanken. 1799, als französische Soldaten in der Nähe eines ägyptischen Dorfes mit Namen el-Rashid (Rosette) das Bruchstück eines Steines entdeckten, auf dem ein Text in drei Schriftsystemen, die zu zwei Sprachen gehörten, wiedergegeben war. Zuoberst ist der Text in Hieroglyphen, in der Mitte in demotischen Schriftzeichen und unten in der griechischen Übersetzung zu sehen.

DIE ENTSCHLÜSSELUNG

1822 entschlüsselte der französische Gelehrte Jean François Champollion die ägyptischen Hieroglyphen auf dem Stein von Rosette. Es handelte sich um einen königlichen Erlass, der im Jahre 196 v. Chr., als der griechische König Ptolemaios V. über Ägypten herrschte, niedergeschrieben worden war. Mit Hilfe des griechischen Textes gelang es Champollion, die Hieroglyphen zu übersetzen. Diese eine Entdeckung verhalf uns zu einem umfangreichen Wissen über das Leben im alten Ägypten.

A	M	Bewegung
OU	W	Übersee; in fremden Ländern
		N

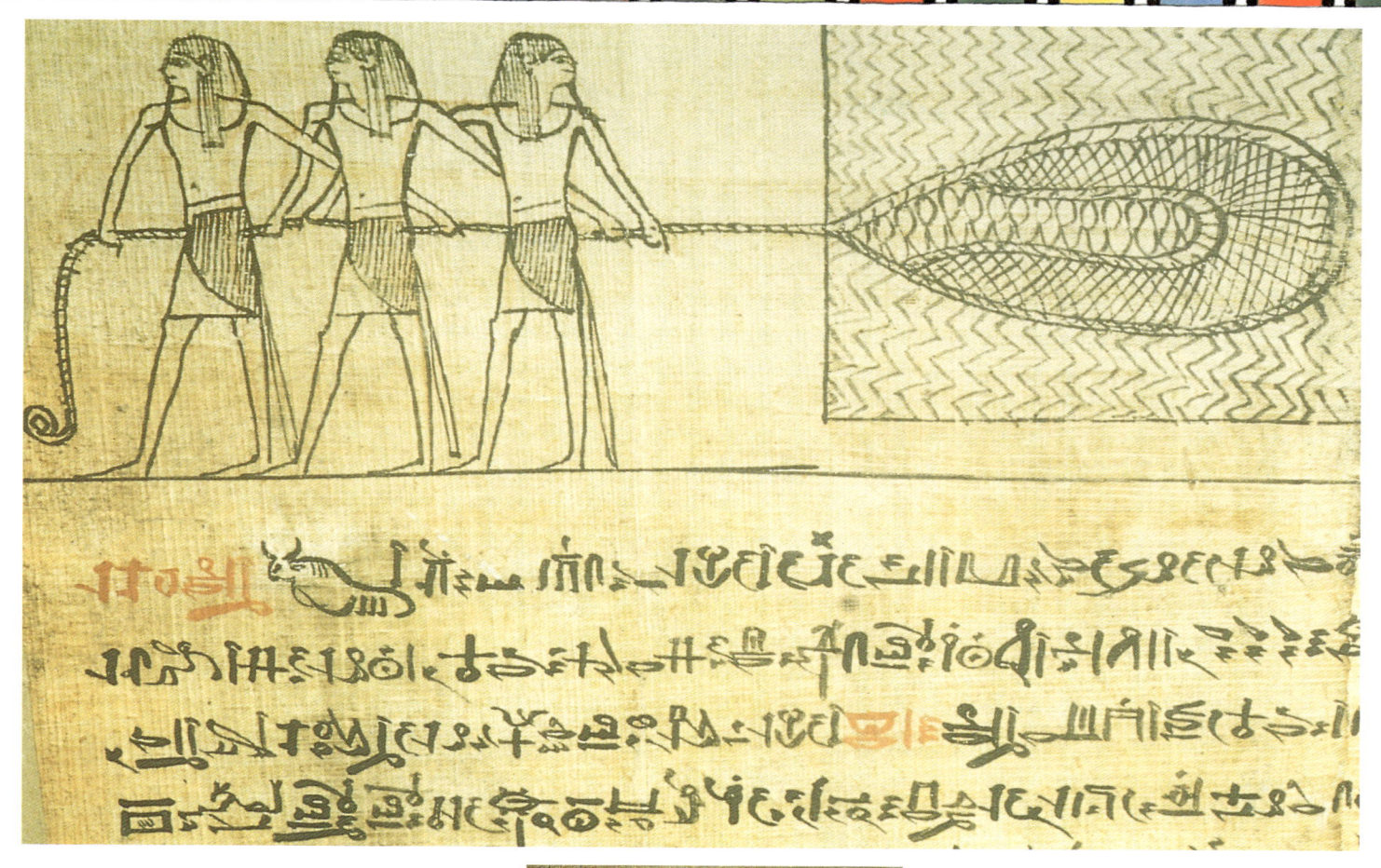

Die hieratische Schrift
Die hieratische Schrift (*oben*) basierte auf den Hieroglyphen, die aus ihrer Symbolform zu Zeichen entwickelt wurden, die schon eher Buchstaben ähnelten. Diese Schrift war fließender und konnte schnell geschrieben werden. Man benutzte sie, um Geschichten, Briefe oder Verträge niederzuschreiben. Gelesen wurde sie stets von rechts nach links.

Die demotische Schrift
Die demotische Schrift (*links*) wurde im 7. Jahrhundert v. Chr. eingeführt. Sie ließ sich noch schneller als die hieratische Schrift schreiben. Ursprünglich benutzte man sie im Geschäftsleben, doch bald wurden auch religiöse und wissenschaftliche Aufzeichnungen in dieser Weise niedergeschrieben. Die Schrift verschwand, als Ägypten unter römische Herrschaft fiel.

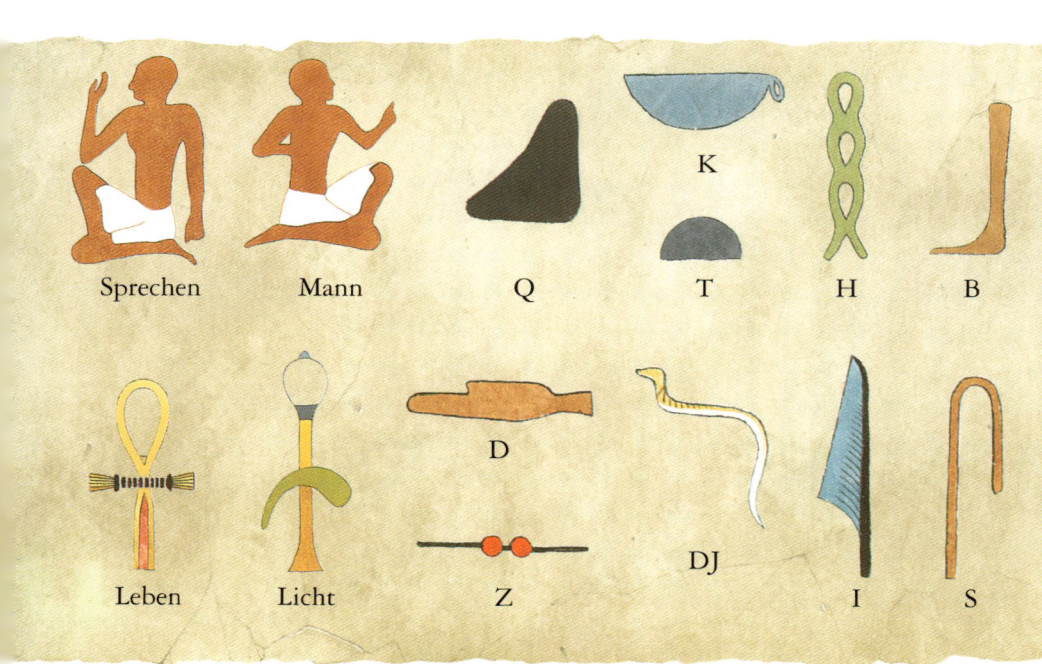

Hieroglyphen
Die Hieroglyphen waren kleine Bilder, die auf vereinfachten Darstellungen von Vögeln und Schlangen, Pflanzen, Körperteilen, Booten und Häusern basierten. Mitunter stand eine Hieroglyphe für ganze Erscheinungen oder Vorgänge wie etwa Licht, Reise oder Leben. Andere wiederum stellten Buchstaben oder Laute dar, die zu Wörtern zusammengesetzt werden konnten.

Wissenschaft und Technik

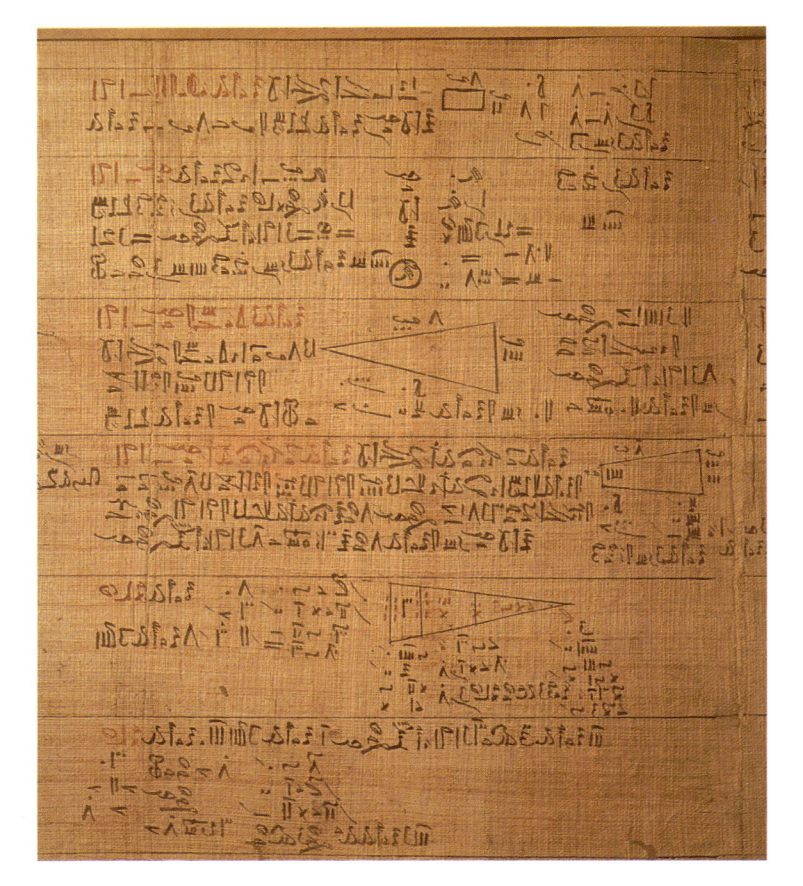

DIE ALTEN ÄGYPTER verfügten über entwickelte Zahlen- und Maßsysteme. Ihre Kenntnisse wandten sie beim Bauen, Konstruieren und Landvermessen an. Ihre wissenschaftlichen Kenntnisse jedoch waren oftmals mit abergläubischen Vorstellungen und dem Glauben an die Magie vermischt. Die Ärzte beispielsweise verstanden sich ausgezeichnet auf die Heilung von Knochenbrüchen und auf Chirurgie, doch gleichzeitig setzten sie alle Arten von magischen Sprüchen, Amuletten und Zaubertränken ein, um Krankheiten abzuwenden. Vieles, was sie über den menschlichen Körper wussten, fußte auf den Erfahrungen, die sie bei der Vorbereitung der Toten auf die Bestattung gesammelt hatten.

Die Priester beschäftigten sich mit dem sorgfältigen Studium der Sterne. Sie waren überzeugt, dass die Planeten Gottheiten seien. Die Ägypter entwickelten auch einen Kalender, der sehr wichtig war, wenn es darum ging, den Zeitpunkt der Nilschwelle und die günstigsten Termine für die Aussaat zu bestimmen.

PAPYRUS MIT MATHEMATISCHEN BERECHNUNGEN
Dieser Papyrus aus der Zeit um 850 v. Chr. zeigt, wie man den Flächeninhalt von Quadraten, Kreisen und Dreiecken berechnet. Nach diesen Verfahren wurde bei der Planung von Bauvorhaben Land vermessen und die Höhe der Pyramiden berechnet. In anderen ägyptischen Schriftstücken, die erhalten geblieben sind, ist dargestellt, wie man das Fassungsvermögen eines Lagerraumes für Getreide berechnet. Die Ägypter benutzten ein Dezimalsystem mit gesonderten Symbolen für 1, 10, 100 und 1000. Eine Acht beispielsweise wurde durch acht einzelne Zahlensymbole dargestellt: 11111111.

EINE ELLE
Als Maßeinheiten wurden die königliche Elle, die etwa 52 cm lang war, und die kurze Elle von 45 cm Länge verwendet. Eine Elle entsprach etwa der Länge des Unterarmes eines Mannes; sie war in Handflächen- und Fingerbreiten unterteilt.

EIN WASSERZEITMESSER
Dafür brauchst du: Lufttrocknenden Ton, Plastikblumentopf, Modelliermesser, Fleischspieß, Bleistift, Lineal, Kreppband, Schere, gelbe Akrylfarbe, Lack, Wassergefäß und Malpinsel, Nudelholz und Brett.

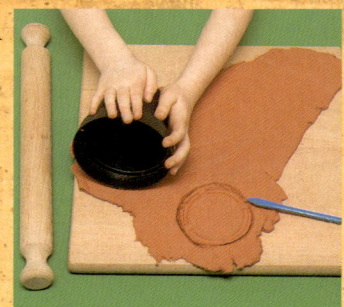

1 Rolle zunächst den Ton aus. Drücke dann den Boden des Blumentopfes fest in den Ton. Das wird der Boden für deinen Wasserzeitmesser.

2 Schneide aus dem Ton ein Rechteck aus, das um den Plastiktopf herumreicht, und drücke es an der Außenseite des Topfes fest an. Drücke den Boden an, streiche die Verbindungsstellen mit dem Modelliermesser glatt.

3 Stich mit dem Fleischspieß knapp über dem Topfboden eine kleine Öffnung in den Ton wie oben gezeigt. Lass den Topf an einem warmen Platz trocknen. Ist der Ton trocken, dann nimm den Plastiktopf heraus.

Nilmesser

Mit dem Nilmesser, einer Reihe übereinander angeordneter steinerner Markierungen, maß man die Höhe des Nilwasserspiegels. Die jährlichen Überschwemmungen waren für die Bauern außerordentlich wichtig. Ein „gutes" Hochwasser erreichte einen Pegel von 7 m. War der Wasserstand höher, dann konnte die Flut die Häuser der Bauern und die Bewässerungskanäle zerstören. Blieb das Wasser weit unterhalb der Marke von sieben Metern, dann verdorrten die Felder.

Der Stern des Nils

Auf diesem Deckengemälde aus dem Grab von Sethos I. sind Sternbilder dargestellt. Die Ägypter beschäftigten sich teils aus religiösen, teils aus wissenschaftlichen Gründen mit dem Studium der Sterne. Der hellste Stern am Himmel war der Sirius, den wir auch Hundsstern nennen. Die Ägypter benannten ihn nach der Göttin Septet oder Sothis. Dieser Stern erschien immer kurz bevor das Nilhochwasser einsetzte und wurde daher mit einem besonderen Feiertag begrüßt.

Arzneien

Die meisten Arzneien im alten Ägypten waren aus Pflanzen hergestellt. Gegen Kopfschmerzen beispielsweise gab es ein Mittel aus Wacholderbeeren, Koriander, Wermut und Honig, das in die Kopfhaut eingerieben wurde. Andere Heilmittel waren Natron (eine salzähnliche Substanz), Myrrhe und sogar Krokodilexkremente. Manche der Arzneien heilten die Kranken wirklich, andere nutzten noch schadeten sie.

Koriander

Knoblauch

4 Markiere an der Innenseite des Topfes Linien im Abstand von 3 mm. Klebe die Enden mit Kreppband ab und male die Linien gelb nach, dann entferne das Kreppband. Bitte einen Erwachsenen, die Innenseite des Topfes zu lackieren.

5 Suche dir zwei weitere Töpfe oder fertige sie selbst an und stelle sie so auf wie oben gezeigt. Lass die Topföffnung über dem Boden von jemandem zuhalten, während du Wasser in deinen Tontopf gießt.

6 Das Loch an der Topfseite wird nun wieder geöffnet. Die Zeitspanne, die der Wasserstand im Topf braucht, um von einer gelben Marke zur nächsten zu fallen, ist dein Zeitmaß.

Im alten Ägypten maß man die Zeit anhand von Wasserzeitmessern. Es wurde gemessen, wie lange es dauerte, bis das Wasser den jeweils nächstniedrigen Pegel erreichte. Der Wasserstand wurde immer geringer, da das Wasser aus einem Loch am Boden des Gefäßes heraustropfte.

Musik und Tanz

OBWOHL SICH DIE ÄGYPTER INTENSIV mit dem Tode beschäftigten, liebten sie das Leben. Die Gemälde zeigen, wie viel Freude sie an Musik und Tanz hatten. Auch wurden in den Grabstätten viele Musikinstrumente gefunden. Musiziert wurde zum Vergnügen und zur Unterhaltung, bei Gottesdiensten und wenn die Soldaten in den Kampf zogen.

Die ersten Musikinstrumente, die man in Ägypten spielte, waren wahrscheinlich Flöten und Harfen. Später wurden Instrumente populär, die Pfeifen, Oboen und Trompeten ähnelten. In der Epoche des Neuen Reiches gelangten die Flöte und die Lyra aus Asien nach Ägypten. Glocken, Becken, Tamburine und Trommeln gaben zusammen mit dem Sistrum, einer Rassel, die zu Kultzwecken verwendet wurde, den Takt an.

Bei Festgelagen traten Tänzer auf, die zur Musik gelegentlich akrobatische Glanzstücke zeigten. In Tempeln und bei Bestattungen wurden verhaltenere Tänze aufgeführt.

DAS SISTRUM
Hier ist eine Priesterin zu sehen, die ein Sistrum schwingt. Dieses Instrument nannte man im alten Ägypten *seshesht*. Es besteht aus einem U-förmigen Bronzerahmen mit losen Querstäben, die ein rasselndes Geräusch erzeugen, wenn man das Instrument schüttelt.

SAITENKLÄNGE
Die Abbildung zeigt Musikanten, die bei einem Festgelage Harfe, Lyra und Laute spielen. Das waren die am weitesten verbreiteten Saiteninstrumente im alten Ägypten. Im Neuen Reich waren weibliche Musikanten sehr beliebt.

EINE RASSEL
Dafür brauchst du: Lufttrocknenden Ton, Balsaholz (1,5 cm x 15 cm), Zeichenkarton, Modelliermesser, Fleischspieß, Draht, 10 Unterlegscheiben, Zange, Alleskleber und Leimpinsel, Akrylfarbe (Braun, Gold), Wassergefäß und Malpinsel.

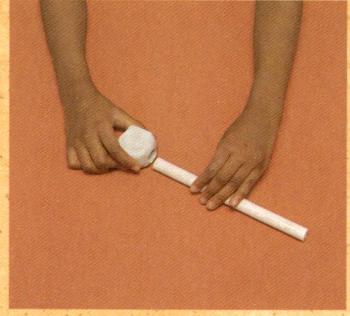

1 Für den Griff brauchst du Ton und Balsaholz. Drücke den Holzstab fest in den Tonwürfel hinein.

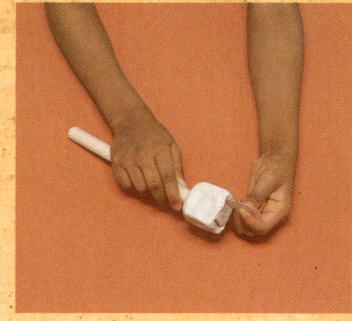

2 Versieh die Oberseite des Tonwürfels mit zwei Schlitzen, in die die Enden des Kartonteils hineinpassen. Das Kartonteil bildet den Rahmen des Sistrums.

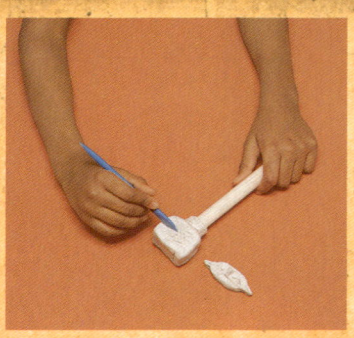

3 Forme aus dem Tonwürfel das Gesicht der Göttin Hathor. Orientiere dich dabei an der Abbildung auf Seite 12. Lass den Ton an einem warmen Platz trocknen.

DIE MUSIKANTEN VON THEBEN

Dieses berühmte Wandgemälde aus Theben ist rund 3400 Jahre alt. Es zeigt Tänzerinnen und Musikantinnen bei ihrem Auftritt während eines Festgelages. Die Ägypter fanden oftmals mehr Gefallen daran, den Vorführungen von Berufsmusikanten zu lauschen, als selbst zu musizieren. In jener Zeit wurde nicht ein ägyptisches Musikstück niedergeschrieben; doch wir kennen die Worte einiger altägyptischer Lieder. Die Hieroglyphen am oberen Rand des Bildes erzählen, dass die Musikanten ein Lied zum Lob der Natur spielen. Die Tänzerinnen wiegen ihre Körper im Rhythmus dieser Musik.

EIN HARFENSPIELER

Hier trägt ein Harfenspieler dem Gott Horus eine Hymne vor. Die ersten ägyptischen Harfen waren einfach und schmucklos; später wurden die Instrumente schön gestaltet, mit Schnitzereien versehen und mit goldener Farbe bemalt.

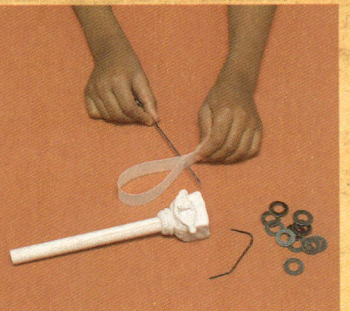

4 Versieh das Kartonteil mit zwei Löchern. Ziehe den Draht durch die Unterlegscheiben und stecke dessen Enden durch die Löcher des Kartonteils. Biege die Drahtenden mit der Zange um, damit sie nicht aus dem Rahmen rutschen.

5 Stecke die Rahmenenden der Rassel in die Schlitze am Griffteil und klebe sie dort fest. Bemale die Rassel mit brauner Farbe und trage darauf etwas goldene Farbe auf, damit die Oberfläche einen bronzenen Glanz bekommt.

Das Sistrum war eine heilige Rassel, die adlige Frauen und Priesterinnen zu religiösen Zeremonien und Musikfesten benutzten. Die Rassel wurde bei Gottesdiensten zu Ehren von Hathor, der Göttin der Liebe, verwendet.

Jagd, Sport und Spiele

EIN BELIEBTER ZEITVERTREIB der Ägypter war die Jagd. Man jagte zum Vergnügen und um Nahrung zu erbeuten. Als Jagdwaffen dienten Pfeil und Bogen, Stöcke, Speere und Netze. Vor Tausenden von Jahren war Ägypten ein Tierparadies, in dem es neben vielen anderen Tieren auch Nilpferde und Löwen gab. Heute sind die meisten wild lebenden Tiere nur noch in Gebieten weit im Süden zu finden. Diese Tiere zu jagen, war sehr gefährlich. Bilder aus der damaligen Zeit zeigen den Pharao, wie er unerschrocken zur Jagd aufbricht. Tatsächlich aber wurden die Tiere oftmals vorher eingefangen und dann, wenn der Pharao nahte, in ein eingezäuntes Stück Land freigelassen. Dort konnte der Herrscher sie aus seiner sicheren Position im Wagen „erbeuten".

Wagen waren vor der Herrschaft der Hyksos in Ägypten unbekannt. Erst die Eroberer brachten sie ins Land, und bald wurden Wagenrennen zum Modesport der Adligen. Eine bei allen Ägyptern populäre Sportart war das Ringen. In Ägypten gab es keine Theater, doch Erzähler am Königshof und in den Straßen der Städte und Dörfer ergötzten die Menschen mit Märchen und Geschichten über Schlachten, Götter und Zauberei.

Im alten Ägypten waren seit eh und je alle Arten von Brettspielen beliebt. In Tutanchamuns Grab fand man ein schönes Spielbrett aus Ebenholz und Elfenbein, das für zwei Spiele mit den Namen *senet* und *tjau* bestimmt war.

TIERE BEIM BRETTSPIEL
Hier sitzen Löwe und Antilope, zwei alte Feinde, friedlich bei einer Partie *senet*. Das Gemälde stammt aus der Zeit um 1150 v. Chr. *Senet* wurde sowohl auf fein gearbeiteten Brettern gespielt als auch auf einfachen Gittermustern, die man in Steine eingeritzt oder im Sand gezogen hatte.

DU BIST AM ZUG
Dieser Adlige spielt unter dem aufmerksamen Blick seiner Gemahlin *senet*. Die Spieler mussten dabei würfeln und ihre Spielfiguren der gewürfelten Augenzahl entsprechend vorrücken lassen. Es gab Pfand- oder Straffelder und auch Gewinn- oder Vorteilsfelder.

EIN MEHEN-SPIELBRETT
Dafür brauchst du: Lufttrocknenden Ton, Nudelholz und Brett, Lineal, Modelliermesser, grüne Farbe, Stofflappen, Lack, Wasserbehälter und Malpinsel. Für das Spiel: 12 runde Spielmarken (6 mit einer blauen bzw. grauen Seite, 6 mit einer gold- und einer orangefarbenen Seite), 2 größere Spielmarken, Würfel.

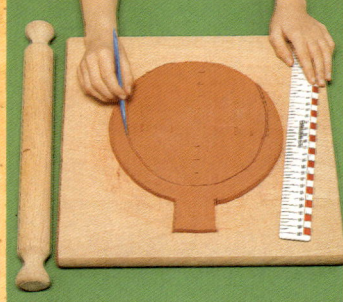

1. Rolle den Ton auf dem Brett aus und schneide eine Form aus. Miss von außen nach innen Punkte in gleichmäßigen Abständen ab und markiere sie. Ziehe mit dem Modelliermesser eine Spirale, die durch diese Punkte verläuft.

2. Streiche verdünnte grüne Farbe auf die Tonplatte, um alle Linien einzufärben. Wische die überschüssige Farbe mit einem Lappen ab. Lass das Ganze trocknen. Bitte einen Erwachsenen, das Spielbrett zu lackieren.

3. Jeder Spieler bekommt 6 Spielmarken von gleicher Farbe und eine große Marke (einen Löwen). Lege die Marken so hin, dass sie alle die gleiche Farbe zeigen. Um eine Marke ins Spiel zu bringen, musst du eine 1 würfeln.

Das letzte Spiel

Dieses Spielbrett stammt aus Tutanchamuns Grab. Brettspiele waren so beliebt, dass man sie den Verstorbenen als vergnüglichen Zeitvertreib für das Jenseits mit ins Grab legte.

Griffe und Würfe

Ringen war ein Sport für alle Ägypter. Man brauchte dazu keine kostspieligen Wagen oder andere besondere Ausrüstungen. Dieser Sport war bei Arm und Reich gleichermaßen beliebt.

Vogeljagd in den Sümpfen

Nebamun, ein Adliger, verbringt einen Tag bei der Vogeljagd in den Sümpfen des Nildeltas. Er steht hier in seinem Schilfboot und schleudert einen Wurfstock – eine Art Bumerang – nach den Vögeln, die aus dem Schilf auffliegen. Seine Katze scheint bereits mehrere Vögel gefangen zu haben.

Mehen war schon vor dem Jahr 3000 v. Chr. in Ägypten populär.

4 Du musst alle deine Spielmarken auf dem Brett haben, ehe du eine davon vorrücken lassen kannst. Würfelst du eine 1, dann ist dein Gegner an der Reihe.

5 In die Mitte gelangst du nur mit der erforderlichen Augenzahl. Hast du sie erreicht, drehe deine Spielmarke um und lass sie den Rückweg antreten. Ist sie wieder am Ausgangspunkt angelangt, kann deine Löwenmarke beginnen.

6 Der Löwe rückt auf die gleiche Weise wie die anderen Spielmarken zum Zentrum vor. Auf dem Rückweg aber darf er alle gegnerischen Spielmarken fressen, die ihm im Wege stehen.

7 Gewinner ist derjenige Spieler, dessen Löwe die meisten Spielmarken gefressen hat. Zähle dazu die Spielmarken, die du sicher ins Ziel gebracht hast und vergleiche mit deinem Mitspieler, wer die meisten hat.

Die Welt der Kinder

Obwohl die Kinder in Ägypten nur eine kurze Kindheit hatten, ehe die Ausbildung und das Arbeitsleben begannen, war es doch eine Zeit voller Spiele und kindlicher Vergnügungen. Die Kinder hatten Rasseln, Bälle, Kreisel, Spielzeugpferde und -krokodile, mit denen sie sich den Tag über beschäftigten. Sie wälzten sich bei Ringkämpfen im Staub, rannten um die Wette und schwammen im Fluss.

Die Töchter einfacher ägyptischer Familien erhielten nur eine geringe Bildung. Man lehrte sie, das Haus in Ordnung zu halten, zu spinnen, zu weben und zu kochen. Waren die Mädchen herangewachsen, dann gab es nur wenige Berufe, die ihnen offen standen, obgleich sie gesetzlich garantierte Rechte hatten, und einige adlige Frauen schon großen Einfluss erlangt hatten. Die Jungen wurden meist darauf orientiert, in den gleichen Berufen wie ihre Väter zu arbeiten. Einige besuchten die Schreibschule, wo sie Lesen und Schreiben lernten. Wer langsam lernte, wurde mit Schlägen bestraft. Die Söhne und manche Töchter aus adligen Familien erhielten eine breitere Ausbildung; sie lernten Lesen, Schreiben und Rechnen.

Ein Spielzeugpferd
Dieses hölzerne Pferd stammt aus einer Zeit, als die Griechen oder Römer über Ägypten herrschten. Es wurde mit einer Schnur gezogen und bewegte sich dann auf seinen Rädern.

Isis und Horus
Viele Statuen zeigen die Göttin Isis mit Horus, der als Kind auf dem Schoß seiner Mutter sitzt. Man glaubte, der junge Horus beschütze die Familien vor Gefahr und Unglücksfällen. Die ägyptischen Familien waren in der Regel groß, und das Leben in der Familie spielte für die Ägypter eine wichtige Rolle.

Kreisel
Die Kinder im alten Ägypten spielten gern mit Kreiseln. Diese bestanden aus poliertem Stein und waren sicher auch für ärmere Familien erschwinglich.

Ein brüllender Löwe
Dafür brauchst du: Lufttrocknenden Ton, Nudelholz und Brett, Modelliermesser, etwas Karton, Fleischspieß, Balsaholz, Sandpapier, Akrylfarbe (Weiß, Grün, Rot, Blau, Schwarz, Gelb), Kreppband, Schnur, Wassergefäß und Malpinsel.

1 Rolle zuerst den Ton aus. Schneide daraus die Einzelteile zurecht wie oben gezeigt. Setze die Beine am Rumpf an und drücke die Pranken auf die Grundfläche. Lege das Teil für den Unterkiefer vorläufig beiseite.

2 Bohre mit dem Modelliermesser ein Loch in die Brust des Löwen wie oben gezeigt. In dieses Loch wird nachher das Teil für den Unterkiefer eingepasst.

3 Setze nun den Unterkiefer ein und stütze ihn mit einem kleinen Stück Karton. Bohre mit dem Fleischspieß ein Loch durch Ober- und Unterkiefer.

DIE JUGENDLOCKE

Die Kinder im alten Ägypten trugen eine besondere Frisur: Der Kopf war kahl geschoren, und an einer Seite ließ man eine Haarflechte, die Jugendlocke, wachsen. Waren sie erwachsen, ließen sich viele Ägypter den Kopf rasieren und trugen dann eine kunstvolle Perücke.

BÄLLE

Ägyptische Kinder spielten gern mit Bällen aus Lumpen, Leinen und Schilf. Bei den hier abgebildeten Bällen sind sich die Archäologen jedoch nicht sicher, ob es sich um Spielbälle oder um eine Art Rasseln für kleine Kinder handelt.

EIN SPIELZEUGLÖWE

Zieh an der Schnur, und der Löwe beginnt zu brüllen! Oder ist es eine miauende Katze? Mit diesem Tier spielten einst die Kinder an den Ufern des Nils. Damals war das Spielzeug sicher mit leuchtenden Farben bemalt.

Das Original des Spielzeuglöwen bestand aus Holz und hatte einen Reißzahn aus Bronze.

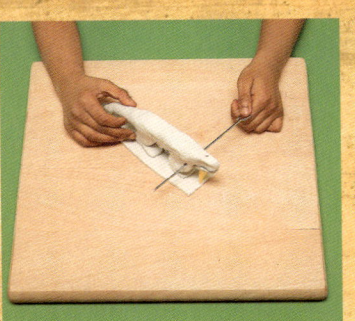

4 Durchbohre nun mit dem Fleischspieß den Oberkörper des Löwen von links nach rechts. Hier wird nachher die Schnur durchgezogen, die den beweglichen Unterkiefer hält.

5 Setze ein kleines Stück Balsaholz als Reißzahn in das Maul des Löwen ein. Lass den Tonlöwen trocknen und glätte seine Oberfläche danach mit Sandpapier.

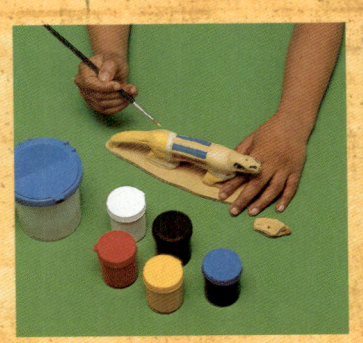

6 Bemale den Löwen mit weißer, gelber, blauer, schwarzer und roter Farbe. Klebe die Ränder der zu bemalenden Stellen vorher mit Kreppband ab, damit die Farbstreifen gerade werden. Lass den Löwen an einem warmen Platz trocknen.

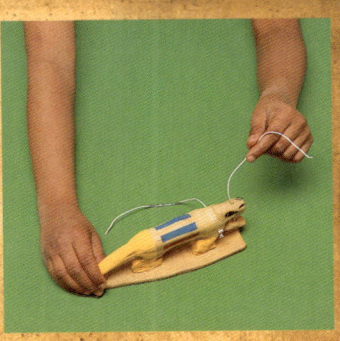

7 Ziehe die Schnur durch das Loch im Oberkörper des Löwen und mache einen Knoten an jedem Ende. Ziehe ein zweites Stück Schnur durch Ober- und Unterkiefer deines Löwen.

Krieger und Waffen

Ä GYPTEN war auf drei Seiten von unfruchtbaren, unwirtlichen Wüsten umgeben. Im Norden befanden sich die Sümpfe des Deltas, und im Süden durchfloss der Nil eine Reihe von Stromschnellen und Wasserfällen, den Katarakten. All diese natürlichen Bedingungen waren Hindernisse für fremde Armeen, die hier ins Land eindringen wollten. Allerdings waren die ägyptischen Städte mit Forts und Mauern befestigt, und viele Pharaonen ließen ihre Heere in die Länder ihrer Nachbarn einfallen. Sie führten Krieg gegen Libyer, Nubier, Hethiter und Syrer.

In Ägypten gab es Berufssoldaten, doch die meisten wurden zum Militärdienst gezwungen. Sklaven, die in den Reihen der ägyptischen Armee kämpften, konnten hoffen, später freigelassen werden. Von Zeit zu Zeit wurden auch ausländische Truppen angeworben, um für den Pharao in den Kampf zu ziehen. Die jungen Männer in den Dörfern exerzierten, um sich auf das Soldatenleben und den Krieg vorzubereiten. Die Soldaten des Pharao trugen Schilde aus Leder und Holz. Sie waren mit Speeren, Äxten, Pfeil und Bogen, Dolchen und Schwertern bewaffnet. Später wurde das Heer mit Streitwagen ausgerüstet, die von Pferden gezogen waren. Für Tapferkeit im Kampf wurden Auszeichnungen wie beispielsweise die Goldene Fliege verliehen.

KÖNIG DEN
Diese Elfenbeinplakette aus dem Jahre 3000 v. Chr. zeigt König Den, der in den Kampf gegen einen Feind aus dem Osten schreitet. Er steht neben der Flagge oder der Standarte des schakalköpfigen Gottes Anubis. Der König ist mit einer Keule oder einem Streitkolben bewaffnet.

RÜCKKEHR AUS SIEGREICHEM KAMPF
In der Kunst des alten Ägypten werden häufig Szenen dargestellt, die den Pharao unterwegs in eine Schlacht oder bei seiner Rückkehr im Triumphzug zeigen. Hier fährt der König in einem prächtigen Streitwagen und treibt Gefangene vor sich her. Die Künstler stellten die Feinde des Pharao sehr klein dar, um die Bedeutung und die Macht ihres Herrschers zu unterstreichen. Diese Plakette aus rotem Gold zeigt Tutanchamun als großen Eroberer.

EINE GOLDENE FLIEGE
Dafür brauchst du: Karton, Bleistift, Lineal, Schere, lufttrocknenden Ton, Alleskleber und Leimpinsel, Akrylfarbe (Gold), goldenes oder weißes Band (40 cm lang, 1 cm breit), Wassergefäß und Malpinsel.

1 Beginne mit dem Körper und den Flügeln der Fliege. Zeichne mit Bleistift und Lineal die Umrisse der Fliege auf den Zeichenkarton wie oben gezeigt. Schneide die Fliegenform vorsichtig aus.

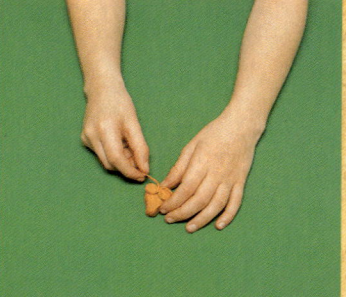

2 Forme das Gesicht der Fliege aus Ton. Rolle zwei kleine Tonkugeln für die Augen und drücke sie auf das Gesicht. Lege um die Augen herum dünne Tonschlangen. Sie lassen die Fliegenaugen größer aussehen.

3 Nimm nun die Kartonform, biege den Aufhänger um und klebe ihn fest wie oben gezeigt, so dass eine Schlaufe entsteht. Hier wird am Ende, wenn die Fliege fertig ist, das Band durchgezogen.

EINE STREITAXT

Diese Axt hat einen silbernen Griff. Ihre Schneide ist so geformt, dass sie dem Feind lange und tiefe Schnittwunden zufügt. Die Streitaxt war die bevorzugte Waffe der ägyptischen Fußsoldaten. Die kupferne oder bronzene Schneide war in eine Höhlung eingepasst oder mit Lederriemen am hölzernen Griff festgebunden. Die Soldaten trugen in der Schlacht keinen Panzer. Ihr einziger Schutz gegen Waffen wie schwere Äxte oder Speere waren große Schilde aus Holz oder Leder. Die Mumie des Pharao Seqenenre Ta'a zeigt furchtbare Schädelverletzungen, die dem Herrscher auf dem Schlachtfeld durch eine Axt, einen Dolch und einen Speer zugefügt wurden.

DOLCHE

Diese Zeremoniendolche wurden in Tutanchamuns Grab gefunden. Sie ähneln denen, die die Soldaten in der Schlacht benutzten. Die ägyptischen Dolche waren kurz und ziemlich breit. Ihre Klingen bestanden aus Kupfer oder Bronze. Auch einen Eisendolch – ein sehr seltener Fund – wurde im Grab des Pharao entdeckt. Er war vielleicht ein Geschenk der Hethiter, die die Methoden der Eisenbearbeitung beherrschten.

Der Orden der Goldenen Fliege war eine Auszeichnung für jene, die im Kampf viel Tapferkeit gezeigt hatten. Dies ist die Nachbildung einer Auszeichnung, die Königin Aahotep für ihre Verdienste im Krieg gegen die Hyksos erhielt.

4 Klebe vier kurze Streifen aus weißem Zeichenkarton auf das Fliegengesicht wie oben gezeigt. Drücke sie in den Ton ein. Lass das Gesicht an einem warmen Platz trocknen.

5 Klebe nun das fertige Gesicht auf die Kartonflügel auf. Lass die fertige Fliege etwa 20 Minuten trocknen, ehe du mit dem Bemalen beginnst.

6 Bemale die Fliege sorgfältig mit goldener Farbe. Ist das bereitgelegte Band weiß, dann streiche es ebenfalls golden an. Lass die Fliege und das Band trocknen. Fertige auf die gleiche Weise zwei weitere Fliegen an.

7 Ziehe das Band durch die Schlaufen der Goldenen Fliegen wie im Bild gezeigt. Die Goldenen Fliegen wurden im alten Ägypten an einer Kette getragen.

Boote und Schiffe

DIE ÄGYPTER waren keine großen Seefahrer. Ihre ozeantauglichen Schiffe segelten zwar auf dem Roten Meer und auf dem Mittelmeer und erreichten vielleicht sogar Indien; doch sie befuhren meist die Küstengewässer. Die Ägypter waren jedoch damals wie heute Meister in der Flussschifffahrt. Sie bauten einfache Boote aus Papyrusschilf und gingen mit ihnen auf Fischfang oder fuhren zur Jagd. In Ägypten gab es nur wenig Holz; deshalb importierte man für den Bau großer Schiffe Zedernholz aus dem Libanon. Boote und Schiffsnachbildungen wurden oft in die Gräber Verstorbener mitgegeben; die Archäologen haben bereits zahlreiche gut erhaltene Exemplare gefunden.

Der Nil war Ägyptens Hauptverkehrsader, auf der alle Arten von Booten hinauf- und hinunterfuhren. Da waren Barken, die Steine zu Baustellen transportierten, Fähren, auf denen sich die Menschen über den Fluss setzen ließen und königliche Vergnügungsboote.

HAUPTVERKEHRSWEG NIL

Die hölzernen Segelschiffe mit ihren eleganten Dreiecksegeln verkehren noch immer auf dem Nil. Sie transportieren Waren und Menschen den Fluss hinauf und hinab. Natürlich hat sich die Form dieser Boote oder *Feluken* seit der Zeit des alten Ägypten verändert. Die Segel waren einst hoch und schmal und standen aufrecht. Später waren sie breiter und sahen so aus wie in der Abbildung oben. Große und kleinere Städte wurden in Ägypten stets am Fluss entlang gebaut, und so entwickelte sich der Nil zu einem wichtigen Verkehrsweg.

DIE LETZTE REISE

Auf altägyptischen Bildern sind häufig Schiffe dargestellt. Sie waren ein wichtiges Symbol für die Reise eines Verstorbenen in das Jenseits.

EIN BOOT

Dafür brauchst du: ein großes Bündel Strohhalme (30 cm lang), Schere, Schnur, Balsaholz, roten und gelben Karton, Alleskleber und Leimpinsel.

1 Teile das Stroh in fünf gleiche Bündel auf und schneide drei davon auf 15 cm Länge. Binde jedes der fünf Bündel an beiden Enden und in der Mitte zusammen wie oben gezeigt.

2 Nimm die zwei langen Bündel und binde sie an einem Ende zusammen wie oben gezeigt. Lege sie vorläufig beiseite. Diese Bündel bilden den äußeren Rand des Bootes.

3 Nimm als Nächstes die drei kurzen Strohbündel und binde sie an beiden Enden zusammen. Sie bilden die Innenfläche des Bootes.

Kurs halten

Diese Grabbeigabe ist die hölzerne Nachbildung eines Bootes aus dem Jahre 1800 v. Chr. Seine Enden sind weit nach oben geschwungen. Lange Steuerruder hielten das Boot in der mächtigen Strömung des Nilhochwassers auf Kurs. Obwohl die größeren Boote hauptsächlich aus Holz gebaut waren, ähnelten sie in ihrer Form den einfachen Schilfbooten.

Auf dem Weg nach Abydos

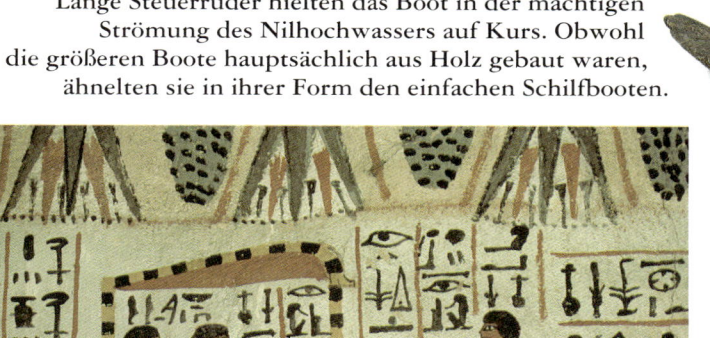

Diese Boote befinden sich auf einer Pilgerfahrt nach Abydos. Das war die Stadt des Osiris, des Gottes des Todes und der Wiedergeburt. Hierher wurden mit einem Boot die Mumien gebracht. In den religiösen Vorstellungen der Ägypter spielten Schiffe und Boote eine wichtige Rolle. Der Sonnengott Ra beispielsweise fuhr in einem Boot über den Himmel. Im Oktober 1991 fand man bei Abydos in der Nähe von Memphis eine Flotte aus 12 Booten, die aus der Zeit um 3000 v. Chr. stammten. Sie waren bis zu 30 m lang und hatten lange Zeit unter dem Wüstensand begraben gelegen. Sie sind die ältesten erhaltenen großen Schiffe der Welt.

Das Zeichen des Nordens

Die unten dargestellte Hieroglyphe bedeutet „Boot". Sie ähnelt ein wenig den Papyrusbooten mit ihren geschwungenen Enden. Später wandelte sich die Bedeutung des Zeichens, und hieß „Norden". Ein Schiff ohne Segel fährt mit der Strömung des Nils stets nach Norden.

Die ersten Boote bestanden aus Papyrusschilf. Sie wurden von Schnur zusammengehalten, die aus Papyrusfasern hergestellt war.

4 Stecke die kurzen Strohbündel fest zwischen die beiden langen Bündel. Binde sie an einem Ende mit Schnur zusammen wie oben gezeigt.

5 Nimm die hinteren Enden der beiden langen Strohbündel und binde sie fest zusammen. Binde das ganze Boot an mehreren Stellen mit Schnur zusammen.

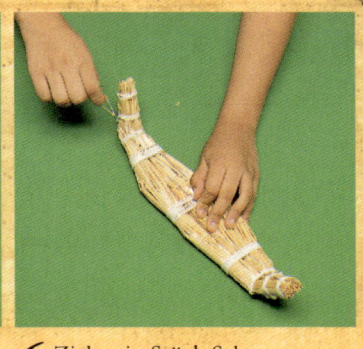

6 Ziehe ein Stück Schnur von einem Ende des Bootes zum anderen. Durch das Spannen der Schnur soll das Boot nun an Bug und Heck hochgebogen werden und eine schöne geschwungene Form erhalten.

7 Schneide zum Schluss aus rotem und gelbem Karton ein Ruderblatt und eine Harpunenspitze aus und klebe sie auf Balsaholzstäbe. Mit solchen Booten fuhren die Ägypter zum Fischen und zur Nilpferdjagd.

Handel und Eroberung

IN SEINER BLÜTEZEIT erstreckte sich das ägyptische Reich von Nubien bis nach Syrien. Die Völker des Nahen Ostens, die von den Pharaonen unterworfen worden waren, mussten wertvolle Güter wie Gold oder Straußenfedern als Tribut abliefern. Die Ägypter waren jedoch mehr daran interessiert, ihr Land vor dem Einmarsch fremder Truppen zu schützen, als ein riesiges Reich aufzubauen. Sie bevorzugten daher Eroberungen durch indirekte Einflussnahme und nicht durch Krieg.

Der Einfluss des ägyptischen Handels nahm bedeutend zu, als offizielle Expeditionen ausgeschickt wurden, um Luxusgüter für den Pharao und seinen Hof einzukaufen. Sie kehrten mit Holz, Edelsteinen und Gewürzen zurück. Aus dem minoischen Königreich Kreta importierte man schöne Tonwaren.

Die von der Regierung angestellten Kaufleute nannte man *shuty*. Die alten Ägypter kannten noch kein Geld, und so wurden die Güter auf der Basis des Tauschhandels erworben.

Es wurden auch Handelsfahrten nach Punt ausgerüstet, das wohl im Osten Afrikas lag. Von dort brachten die Kaufleute zahme Affen, Windhunde, Gold, Elfenbein, Ebenholz und Myrrhe mit. Diese Handelsexpeditionen wurden besonders von Königin Hatschepsut unterstützt. Die Wände ihres Totentempels berichten Einzelheiten von diesen Fahrten und zeigen auch ein Bildnis von Eti, der Königin von Punt.

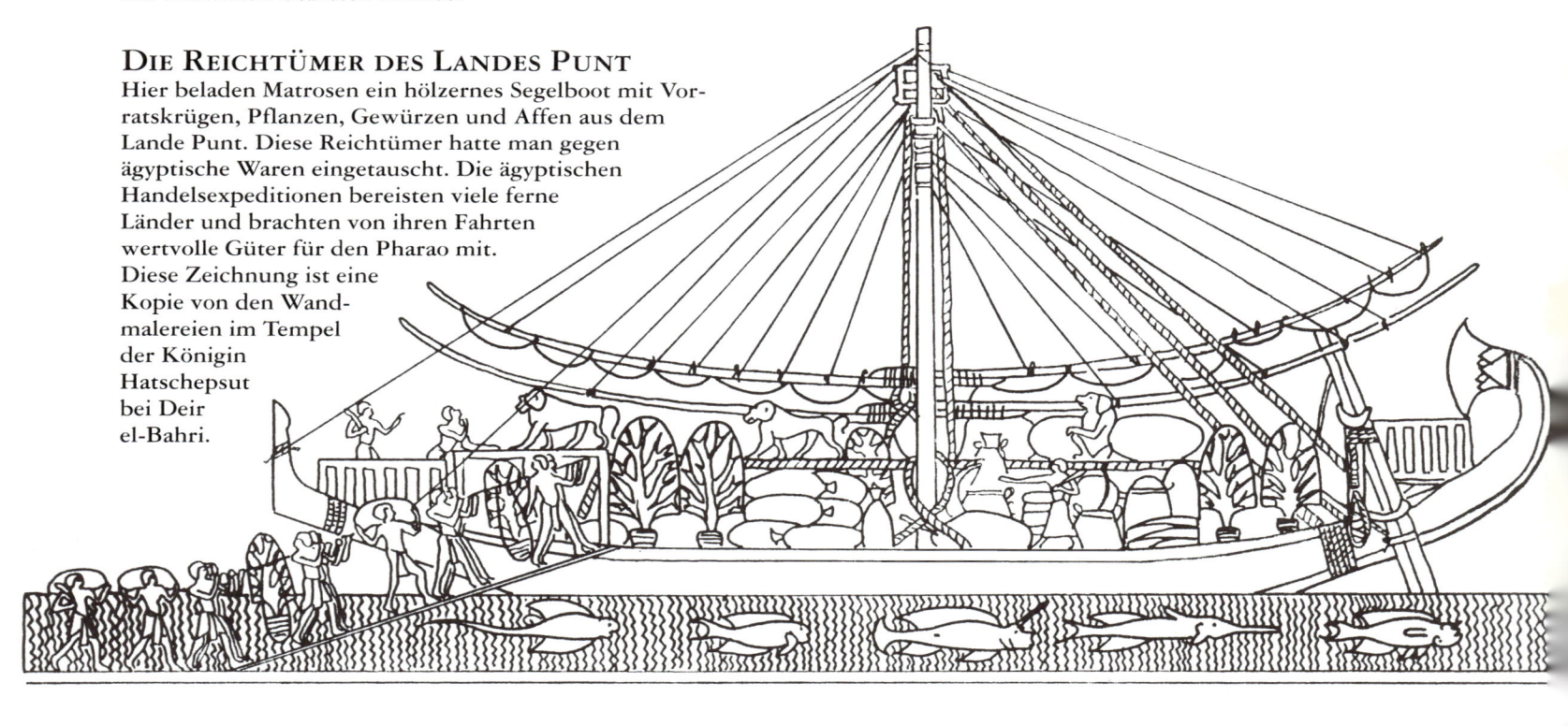

HOLZ AUS FERNEN LÄNDERN
In Ägypten wuchsen nur wenig Bäume, so dass man das Holz für schöne Möbel importieren musste. Aus dem Libanon wurde Zedernholz gebracht, und Harthölzer wie Ebenholz kamen aus entfernten Gebieten Afrikas.

DIE REICHTÜMER DES LANDES PUNT
Hier beladen Matrosen ein hölzernes Segelboot mit Vorratskrügen, Pflanzen, Gewürzen und Affen aus dem Lande Punt. Diese Reichtümer hatte man gegen ägyptische Waren eingetauscht. Die ägyptischen Handelsexpeditionen bereisten viele ferne Länder und brachten von ihren Fahrten wertvolle Güter für den Pharao mit. Diese Zeichnung ist eine Kopie von den Wandmalereien im Tempel der Königin Hatschepsut bei Deir el-Bahri.

SYRISCHE GESANDTE

Fremdländische Herrscher aus Asien und dem Mittelmeerraum sandten dem Pharao großartige Geschenke, und der Pharao schickte ihnen ebensolche Gegengaben. Die in dem Bild dargestellten Syrer wurden als Vertreter ihres Herrschers gesandt. Sie haben Parfumgefäße aus Gold, Elfenbein und Lapislazuli mitgebracht. Die Krüge sind mit Gold und Lotusblütenmustern verziert. Oftmals gab der Pharao einige von den luxuriösen fremdländischen Gaben an bevorzugte Höflinge weiter.

NUBIER LIEFERN TRIBUTZAHLUNGEN AB

Hier bringen Nubier dem Pharao Thutmosis IV. Goldringe, Affen und Leopardenfelle. Nubien lag in dem Gebiet, das oberhalb der Nilkatarakte lag, und das wir heute als den nördlichen Sudan kennen. Die Ägypter hatten einen großen Teil ihrer Schätze bei Feldzügen in Nubien in ihren Besitz gebracht. In Friedenszeiten jedoch trieben sie mit den nubischen Fürsten Handel und kauften Mineralien und exotische Tiere.

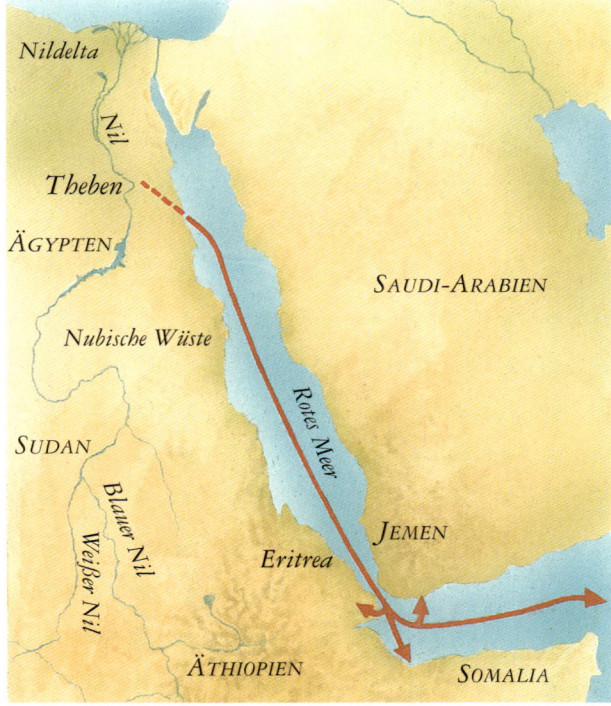

EXOTISCHE GÜTER

Ägyptische Kunsthandwerker mussten viele ihrer wertvollsten Materialien aus fremden Ländern bringen lassen. Dazu gehörte Gold, Stoßzähne von Elefanten, Harthölzer wie Ebenholz und Weichhölzer wie Zedern aus dem Libanon. Kupfer wurde in Nubien abgebaut, und Bronze, eine Legierung aus Kupfer und Zinn, wurde aus Syrien herangeschafft.

Elfenbein *Ebenholz*

EINE WELT DES HANDELS

Die Ägypter reisten über das Rote Meer nach dem sagenhaften Lande Punt. Diese neuzeitliche Karte zeigt die Reiseroute der Kaufleute. Niemand weiß genau, wo dieses Land lag; es war wohl auf dem Gebiet des heutigen Somalia, Eritrea, Jemen oder des südlichen Sudan.

Glossar

Amulett

A
Aberglaube Ein vernunftwidriger Glaube an gute oder schlechte Zufälle.
Alabaster Ein schimmernder weißer Stein, eine Abart des Gipses.
Altes Reich Der Abschnitt in der ägyptischen Geschichte zwischen 2686 und 2181 v. Chr.
Amethyst Ein purpurfarbener Kristall, eine Abart des Quarzes.
Amulett Ein schützendes Zaubermittel.

B
Bug Die Vorderseite eines Schiffes.

Streitwagen

D
Delta Eine Küstenregion, in der sich ein Fluss in mehrere Arme teilt, ehe er ins Meer fließt.
Demotisch Eine vereinfachte Schrift, die in der Spätzeit des alten Ägypten benutzt wurde.
Dürre Eine lange Trockenperiode ohne Niederschlag.
Dynastie Eine königliche Familie oder die Epoche, in der die königliche Familie an der Macht ist.

E
Einbalsamieren Den Körper eines Verstorbenen konservieren.
Elle Eine Maßeinheit, deren Länge dem menschlichen Unterarm entspricht.

F
Fayence Eine Art durchscheinenden Glases, das oft eine blaue oder grüne Farbe hat. Es wird aus Quarz oder Sand, Kalk, Asche und Natron hergestellt.
Flachs Eine Pflanze mit blauen Blüten, die wegen ihrer Fasern angebaut wird. Die Fasern werden zur Herstellung von Leinen verwendet. Aus ihren Samen presst man das Leinöl.

G
Gazelle Eine kleine, zierliche Antilope.
Gehänge Ein Schmuckstück, das man an einer Kette am Hals trägt.
Goldene Fliege Ein Orden, mit dem Soldaten für Tapferkeit in der Schlacht ausgezeichnet wurden.

H
Heck Der hintere Teil eines Schiffes.
Henna Ein rötlicher Farbstoff für das Haar oder die Haut, der aus den Blättern des Hennastrauches gewonnen wird.
Hieratisch Eine Kurzform der Hieroglyphenschrift, die von ägyptischen Priestern benutzt wurde.
Hieroglyphe Ein Bildzeichen der ältesten ägyptischen Schrift.
Hyksos Ein Volk aus dem Gebiet von Palästina, das sich nach 1800 v. Chr. in Ägypten ansiedelte und das Land beherrschte.

Fayence

I
Indigo Ein dunkelblauer Farbstoff, der aus Pflanzen gewonnen wird.

J
Jugendlocke Eine Haarflechte, die die Kinder im alten Ägypten als typische Frisur trugen.

K
Kanope Ein irdenes Gefäß, in dem Lungen, Leber, Eingeweide und Magen eines Verstorbenen aufbewahrt und gesondert beigesetzt wurden.
Katarakt Wasserfälle oder Stromschnellen.
Kosmetika Schminke.
Krummstab und Dreschflegel Dem Gott Osiris geweihte Symbole.

Hyksos

Die Pharaonen trugen Krummstab und Dreschflegel zum Zeichen ihrer königlichen Autorität.

L
Laute Ein Saiteninstrument.
Leibeigene Menschen, die das Land, auf dem sie arbeiteten, nicht verlassen durften, ohne vorher ihren Herrn um Erlaubnis zu bitten.
Lyra Ein harfenähnliches Musikinstrument.

M
Mittleres Reich Der Abschnitt in der ägyptischen Geschichte zwischen 2050 und 1786 v. Chr.
Mumie Der tote Körper eines Menschen, mitunter auch ein toter Tierkörper, der durch Austrocknen konserviert wird.

N
Natron Salzkristalle, die zur Mumifizierung toter Körper verendet werden.
Nechbet Der Name einer Geiergöttin.
Neues Reich Der Abschnitt in der ägyptischen Geschichte zwischen 1550 und 1070 v. Chr.

Nilmesser Eine Reihe von steinernen Markierungen oder eine Säule, an denen der Wasserstand des Nils gemessen wird.

O
Oase Ein Ort in der Wüste, an dem es Wasser gibt.
Obelisk Eine spitz zulaufende Säule, die als Denkmal errichtet wurde.
Oberägypten Der südliche Teil von Ägypten.
Ocker Eine rote oder gelbe Erde.

Obelisk

P
Papyrus Eine hohe Schilfpflanze, die am Nil wächst. Sie wird zur Papierherstellung verwendet.
Pharao Der Herrscher des alten Ägypten.
Pigment Eine beliebige färbende Substanz, die zur Herstellung von Farbe verwendet wird.
Pyramide Ein großes, spitz zulaufendes Bauwerk mit großer quadratischer Grundfläche und dreieckigen Seitenflächen.

R
Reich Eine Anzahl verschiedener Länder, die unter die Herrschaft einer Regierung kommen.
Ritual Eine feierliche Handlung, die oftmals einen religiösen Hintergrund hat.

Pharao Thutmosis III.

S
Safran Ein Gewürz und orangefarbener Farbstoff, der von einer Krokusart stammt.
Sarkophag Die steinerne Hülle für einen Sarg.
Schakal Ein Wildhund, der in Asien und Afrika lebt.
Schreiber Ein professioneller Schreibkundiger im Range eines Angestellten oder eines Verwaltungsbeamten.
Schrein Ein Behältnis für heilige Andenken, ein Platz für den Gottesdienst.
Schrift Eine Methode des Schreibens.
Shaduf Ein Mechanismus, mit dessen Hilfe Nilwasser auf die Felder gebracht wurde.
Sistrum Eine Metallrassel, die im alten Ägypten als Musikinstrument benutzt wurde.
Sphinx Die Statue eines mythischen Wesens, das halb Mensch und halb Löwe ist.
Steuern Waren, Geld oder Dienstleistungen, die an die Regierung abgegeben werden.
Streitwagen Von Pferden gezogener zweirädriger Wagen, der im Krieg und bei Wagenrennen benutzt wurde.

T
Töpferscheibe Eine runde Platte, die gedreht wird, um den feuchten Ton von Hand besser zu Gefäßen formen zu können.
Tribut Güter, die ein Land zum Zeichen der Unterwerfung an seine Eroberer abgibt.
Türkis Ein blaugrüner Edelstein.

Sistrum

U
Unterägypten Der nördliche Teil Ägyptens mit dem Nildelta.

V
Vogeljagd Jagd auf Wildenten, Wildgänse und andere Wasservögel, bei der Stöcke nach den Tieren geworfen wurden.

W
Webstuhl Ein Rahmen, auf dem Stoffe gewebt werden.
Wehrpflichtiger Eine Person, die von der Regierung zum Dienst in der Armee aufgerufen wird.
Weihrauch Gummiharz oder Baumrinde mit starkem Duft, die bei religiösen Zeremonien verbrannt werden.
Wesir Schatzmeister oder höchster Beamter am ägyptischen Hof.

Z
Zepter Ein Stab, der vom König oder Kaiser als Zeichen der Herrschaft getragen wird.
Zivilisation Eine Gesellschaft, in der die Künste, Wissenschaften, Technik, Gesetzgebung oder Regierung einen hohen Stand hat.

Vogeljagd

Stichwortverzeichnis

A
Abu Simbel 5, 33
Abydos 59
Adlige 14
Ahmose Nefertari 14
Altes Reich 5 – 6, 22
Amenemhet III., Pharao 22
Amun 10 – 11
anch 10
Anubis 13, 29, 33, 56
Arbeiter 22, 34 – 35, 39
Arzneien 48, 49

B
Bestattungen 30 – 31, 50
Bier 39
Boote 4, 31, 58 – 59, 60

C
Carter, Howard 4, 27
Chafre (Chefren) 5, 8, 23 – 25
Champollion, Jean François 46
Chufu (Cheops) 5, 8, 23 – 25

D
Deir el-Medina 7, 16, 18 – 19
demotische Schrift 46 – 47
Diener 15
Djoser, Pharao 5, 8, 22

E
Echnaton, Pharao 7, 9
Encherhau 15
Ernährung 35, 37 – 39

G
Gärten 16
Giseh 5, 22 – 24
Gottheiten 10 – 13, 32 – 34
Grabstätten 4, 5, 8, 18, 20, 22 – 23, 26 – 27, 30 – 31, 58

H
Haar 15, 42 – 43, 55
Handel 60 – 61
Hathor 12, 13, 33, 43, 51
Hatschepsut, Königin 7, 8, 13, 60
Häuser 16 – 17
hieratische Schrift 46 – 47
Hieroglyphen 45 – 47, 51, 59
Haremhab, Pharao 8, 12
Horus 4, 10, 13, 31, 33, 51, 54
Hyksos 6 – 7, 41, 52

I
Idfu 33
Imhotep 22
Isis 31, 33, 54

J
Jagd 52, 58

K
Kacheln 20 – 21
Kalabscha, Tempel bei 33
Kanopen 28 – 29
Karnak 7, 32
Katzen 11
Kauit, Königin 15
Kinder 54 – 55
Kleidung 40 – 41
Kleopatra, Königin 8
Kriege 56 – 57
Kronen 12 – 13
Kuchen 38 – 39
Kunst 20 – 21
Kunsthandwerker 18 – 19, 61

L
Landvermesser 19
Landwirtschaft 4, 34 – 37
Lehmziegel 16 – 17
Leinen 40, 41
Lotusblüten 10
Luxor 5, 26, 32

M
Medinet Habu 14
Memphis 5, 6, 7, 16, 59
Menkaure, Pharao 23
Mittleres Reich 6, 41
Mumien 11, 28 – 29, 30, 33, 38, 59
Musik 15, 50 – 51

N
Nacht 36
Narmer, König 5, 8
Nechbet 21
Nefertiti (Nofretete), Königin 9, 42
Nephthys 31
Neues Reich 6, 7, 26, 30, 33, 36 – 38, 40, 43, 50
Nil 4 – 6, 16, 34, 36, 48, 56, 58
Nilhochwasser 4, 17, 36, 48 – 49
Nilmesser 49
Nubien 6, 60 – 61
Nut 10

O
Osiris 11 – 12, 31, 33, 39, 59

P
Paläste 14
Papyrus 44, 48, 58 – 59
Perücken 42 – 43, 55
Pharaonen 8 – 9, 12 – 13, 14, 22, 26, 30, 34, 38, 42, 52, 56, 60, 61
Priester 12, 30 – 33, 42, 48
Ptolemaios V., König 46
Punt 60 – 61
Pyramiden 5 – 6, 8, 22 – 25

R
Ra 11, 26, 31, 59
Ramses I., Pharao 13
Ramses II., Pharao 5, 7, 9, 29
Ramses III., Pharao 8, 14
Rasseln 50 – 51, 55
Religion 10 – 11, 32 – 33, 59
Rosette, Stein von 46

S
Sakkara 5, 22
Sandalen 40
Särge 28 – 29, 30 – 31
Schmuck 18, 20, 40
Schönheitsmittel 42 – 43
Schreiben 44 – 47
Schreiber 35, 44 – 45, 54
Schreibgeräte 45
Schulen 44, 54
Seelenhäuser 17
Sethos I., Pharao 7, 26
shabti-Figuren 30
shaduf 36 – 37
Skarabäen 11
Sklaven 34, 56
Soldaten 56
Sphinx 5, 23
Spiegel 42 – 43
Spiele 52 – 53
Spielzeug 54 – 55
Sport 52 – 53
Städte 16
Statuen 34
Streitwagen 52, 56

T
Tal der Könige 7, 9, 18, 26 – 27, 30 – 31
Tanz 50
Tempel 5, 13, 16, 26, 32 – 33, 50
Theben 5, 6, 7, 10, 11, 14, 16, 26, 30, 51
Thutmosis 18
Thutmosis III., Pharao 7, 9
Thutmosis IV., Pharao 23, 61
Tiere 11, 34, 36 – 37, 52
Tonwaren 20, 38, 60
Tutanchamun, Pharao 4, 7, 9, 18, 21, 26 – 27, 31, 41, 44, 52 – 53, 56 – 57

U
udjat-Augen 30 – 31, 40

W
Waffen 57
Wasserzeitmesser 48 – 49
Werkzeuge 19, 36
Wissenschaft 48 – 49

Z
Ziegel 16 – 17
Zimmerleute 19